NGOMA CHAMOU!

batuques em terreiros paulistas

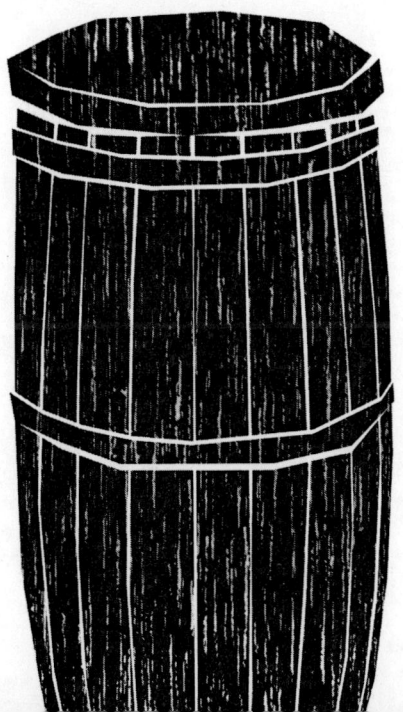

Governo do Estado de São Paulo, por meio
da Secretaria de Cultura e Economia Criativa, apresenta

NGOMA CHAMOU!
Batuques em terreiros paulistas

1ª edição

Alessandra Ribeiro
Antonio Filogenio de Paula Junior
Rosa Liria Pires Sales

ilustrações
Amanda Nainá
Poliana Sales Estevam

organização
Diadorim Cultura Popular

Copyright © 2019 Editora Malê
Todos os direitos reservados.

ISBN 978-65-87746-37-1

1ª edição.

Organização, projeto gráfico (miolo e capa) e diagramação:
Diadorim Cultura Popular

Ilustrações:
Amanda Nainá (aquarelas)
Poliana Sales Estevam (xilogravuras)

Revisão:
Léia Coelho

Texto revisado segundo o novo Acordo Ortográfico da Língua Portuguesa.
Proibida reprodução, no todo, ou em parte, através de quaisquer meios.

Dados internacionais de catalogação na publicação (CIP)
Vagner Amaro – Bibliotecário - CRB-7/5224

R484n   Ribeiro, Alessandra
           Ngoma chamou!: batuques em terreiros paulistas. / Alessandra Ribeiro, Antonio Filogenio de Paula Junior, Rosa Pires Sales; ilustrações Amanda Nainá, Poliana Sales Estevam; Diadorim Cultura Popular (org.). Rio de Janeiro: Malê, 2021.
           142 p.; 23 cm.
           ISBN 978-65-87746-37-1

        1. Música popular brasileira 2. Batuque de umbigada 3. Jongo 4. Samba de bumbo I. Título

                                             CDD 780.420981

Índice para catálogo sistemático: Música popular brasileira 780.420981

2021
Todos os direitos reservados à Malê Editora e Produtora Cultural Ltda.
www.editoramale.com.br
contato@editoramale.com.br

ÍNDICE

Apresentação: dá licença de chegar, **7**

Batuques paulistas: re-existência e encantamento, **11**

Batuque de umbigada: cultura e tradição bantu no oeste paulista, **19**

O Jongo, **61**

O Samba de Bumbo, **95**

(In)conclusão, **133**

Posfácio, **137**

APRESENTAÇÃO:
DÁ LICENÇA DE CHEGAR

Beatriz Yu Marins
Leonardo Coutinho Magnin
Leonardo Yu Marins

A partir de desejos comuns e adubada pelo afeto, a Diadorim Cultura Popular nasceu com a proposta de pesquisar, reverenciar e apoiar as manifestações culturais populares, em especial as chamadas afro-caipiras – caso do batuque de umbigada, do jongo e do samba de bumbo. Atuando em conjunto com as comunidades tradicionais mantenedoras, o coletivo busca sempre estar atento ao protagonismo delas como premissa fundante.

A proposta deste projeto surge, portanto, a partir da convivência e parceria entre o coletivo e grupos destas tradições que resistem na região do médio Tietê, território de origem e guarda de registros seculares do batuque de umbigada e do samba de bumbo e que, igualmente, abriga comunidades jongueiras vindas de outros pontos do sudeste desde, ao menos, a primeira metade do século XX. Por conta da proximidade geográfica e da matriz cultural comum – a África Bantu, tema que será abordado mais à frente pelas autoras e o autor –, estas três manifestações são reconhecidas por seus representantes como irmãs, conexão que tivemos a honra e a possibilidade de conhecer e vivenciar um pouco em festas, rodas de conversa e outros momentos de troca ao longo dos últimos anos.

A partir desses encontros, espaços grandiosos de beleza, resistência e ensinamentos materializados em cantos, tambores, danças, prosas e causos, surge também o desejo de registrar e conhecer mais sobre as tradições e o diálogo entre elas desde as vozes das pessoas detentoras e seus territórios de afeto. Após a conquista do apoio do ProAC Editais, tão inevitável como natural também foi o convite à Mestra Alessandra Ribeiro, à Mestra Rosa Sales e ao Mestre Antonio Junior, três lideranças em suas tradições – jongo, samba de bumbo e batuque de umbigada, respectivamente – que nos honraram com o aceite, embarcaram com a gente e nos apontaram os caminhos desde o início desta jornada. Dessa forma, buscamos construir conjuntamente em um ambiente de escrita livre, onde cada um(a) pudesse elaborar de maneira autêntica a narrativa sobre as formas de re-existência da sua tradição.

Originalmente, o projeto previa que a escrita fosse conduzida pelas lideranças que assinam a autoria da publicação e construída, também, a partir de entrevistas e conversas presenciais com grupos mantenedores das tradições. No entanto, o ponto de partida do processo coincide com o início da inesperada pandemia da Covid-19 no Brasil. O caminho de criação do texto assume, então, outro formato: as autoras e o autor desenvolveram a escrita a partir do encontro do próprio coletivo deste livro, formado pelas(os) autoras(es) e integrantes da Diadorim, que se reuniu semanalmente por meio de chamadas de vídeo durante todo o período da escrita.

Assim, ainda que cada texto possua o tom da palavra, a história e o olhar único de cada autor(a), o processo criativo se deu pela coletividade. Foram incluídas no texto também falas e mensagens que cada um(a) trouxe das conversas virtuais com outros(as) representantes de comunidades tradicionais de suas respectivas manifestações, realizadas em diferentes formatos, a partir da realidade e do contexto de cada tradição. Alessandra Ribeiro propôs uma reunião única e coletiva com jongueiros(as) de onze grupos do estado de São Paulo, por meio de plataforma on-line; Antonio Junior e Rosa Sales conduziram suas conversas individualmente por aplicativo de mensagens, buscando visões de representantes da juventude e de outros mestres e mestras. Compõem a narrativa do livro também duas jovens artistas do interior paulista, que assinam as ilustrações: Amanda Nainá e Poliana Estevam – esta, filha da Mestra Rosa e herdeira da tradição do samba de bumbo em Campinas.

Aparentemente desafiador no início, o processo de construção coletiva do livro por meio da internet e em contexto pandêmico logo se mostrou perfeitamente viável – e, mais que isso, um presente. Desde os primeiros encontros, as falas e diálogos profundos, sinceros e próximos junto às autoras e autor já pareciam apontar com nitidez os caminhos possíveis para o livro, firmando o espaço virtual como um ambiente de respiro e reflexão importante para todos e todas. O compartilhamento firme e afetuoso das três lideranças a partir de suas existências nas tradições foi capaz de promover momentos de suspensão, aprendizado e emoção na medida em que eram trazidas à tona ponderações sobre modos de existir e pensar; espiritualidade e fundamentos; questões sociais, raciais e de reconhecimento entre Alessandra, Rosa e Antonio e suas comunidades – com toda a profundidade permitida pelo retrato narrado de dentro para fora e não o oposto.

Dessa forma, convidamos a todas, todos e todes a vivenciarem um pouco do batuque de umbigada, do jongo e do samba de bumbo a partir dos olhares potentes, questionadores e generosos dessas três lideranças. Se Antonio referencia, conceitua e contextualiza as manifestações a partir da cosmogonia bantu, Alessandra finca o pé, traz o tom crítico e parte da visão segura de uma liderança feminina consolidada; Rosa, por sua vez, reverencia a ancestralidade desde o lugar afetuoso de quem recebe o bumbo e o bastão, costurando a partir de seu território o diálogo com a tradição. Trata-se, portanto, de um texto que traz a possibilidade de um riquíssimo primeiro contato para as pessoas que não conhecem as manifestações, bem como a perspectiva de se aprofundar, emocionar e reconhecer para quem já carrega no corpo a memória viva das tradições.

Salve as mestras, mestres e representantes das culturas tradicionais paulistas!

BATUQUES PAULISTAS:
RE-EXISTÊNCIA E ENCANTAMENTO

Alessandra Ribeiro
Antonio Filogenio de Paula Junior
Rosa Pires Sales

A proposta de realização de um livro que tem como uma de suas metas trazer um pouco da trajetória dos batuques paulistas contribui significativamente para os estudos da presença negra no estado de São Paulo. Para tanto, evoca alguns aspectos relevantes dessa presença por meio das culturas afro-brasileiras na região.

O termo batuque foi empregado por muitos folcloristas e pesquisadores de fora das culturas de matriz africana. É um termo que se tornou genérico e serviu para descrever um conjunto de práticas com instrumentos de percussão ligados aos africanos e seus descendentes. No conjunto dessas práticas rituais, existe um variado grupo de danças e ritmos conhecidos pelos seus praticantes por diversos nomes.

Os tambores e outros instrumentos de percussão sempre tiveram uma função comunicativa no continente africano, entendendo que essa comunicação se dá em todos os planos da existência, ou seja, física e espiritual, por isso, são utilizados em distintos rituais, sejam eles de caráter religioso ou não, embora a característica da espiritualidade sempre esteja presente, o que implica uma percepção não dicotômica da realidade, por exemplo, uma separação cartesiana entre o sagrado e o profano. Essas dimensões distintas não são separadas; ao contrário, se integram numa busca pelo equilíbrio e harmonia do cosmos.

Os tambores são instrumentos que auxiliam no fortalecimento dos elos com os ancestrais por meio da conectividade com os antepassados das antigas nações africanas subjugadas no Ocidente. A integração e a permanente ligação entre o mundo dos vivos e dos mortos são a base da memória coletiva sempre em comunhão com a natureza.

Na diáspora os batuques dos negros continuaram a ser os toques de reunir e celebrar a vida, também na resistência às condições da escravidão estabelecida pela Europa na modernidade, pautada na coisificação do ser, na sua desumanização. Por meio dos batuques, a cultura se manifesta e a humanidade é lembrada e reconstituída.

Mesmo com o fim da escravidão no país, a abolição oficial com a Lei Áurea não estabeleceu em seus dois artigos nenhuma condição de cidadania para os recém-libertos. Ao contrário, permanece o estigma da inferiorização e são alicerçadas as formas do racismo estrutural antinegro. Desse modo, os batuques colaboram, também, na organização física, psíquica e espiritual do negro diante da realidade em que é colocado na escravidão e na abolição, sem direitos e oportunidades.

Os batuques paulistas são tradições vivas e formam uma grande família de culturas de matriz africana bantu. São tradições vivas que não perderam a sua capacidade de transmissão por meio da oralidade até os dias de hoje. São recriações, adaptações em diferentes modos de representação estética que preservam a essencialidade dos significados e sentidos culturais desde África. Entre essas tradições estão: o Batuque de Umbigada, o Jongo e o Samba de Bumbo. São danças-rito conhecidas como danças de terreiro, devido ao espaço geográfico em que aconteciam na época da escravidão e após a abolição.

A análise da origem dos escravizados que se fizeram presentes no estado de São Paulo e as relações que aqui aconteceram em diferentes momentos do processo escravista entre os séculos XVI e XIX é significativa, principalmente quando se faz presente na memória dos seus protagonistas e perceptível em suas práticas culturais. Nesse conjunto de práticas culturais está inserida uma base epistemológica comum, bastante similar entre os grupos étnicos de origem bantu, o que abrange saberes que remetem aos mais variados aspectos da vida, entre eles, a cosmogonia, a filosofia e as tecnologias.

Na cosmogonia se encontra a base de uma percepção de mundo integrado que irá ser revelada nas organizações sociais e nas práticas culturais em sua dimensão artística. Na filosofia todo um entendimento ético e estético de mundo confere características sociais em que o Ser é interpretado em sua capacidade integrativa, relacional e de responsabilidade com o mundo habitado. As tecnologias são todos os saberes gerados que conferiram aos africanos as condições para o desenvolvimento de instrumentos e técnicas para lidar com todos os campos da existência, entre eles:

a saúde, a agricultura, a pecuária, o manuseio do ferro e outros metais e minérios, a pesca e a navegação.

Esses conhecimentos foram observados e identificados pelos europeus para avançarem nos processos de escravização e colonização. Por meio desses saberes explorados na diáspora é que foi possível o enriquecimento da Europa a partir da exploração da mão de obra escravizada.

O continente africano é um território vasto, composto por vários países e milhares de grupos étnicos nos quais se reconhecem proximidades linguísticas, organizacionais e culturais em diversos aspectos. Entre esses grupos, o bantu e o sudanês são muito ligados ao tráfico escravista para o Brasil. No caso do estado de São Paulo o grupo bantu será a principal base da constituição da cultura afro-paulista e algumas de suas variantes como: afro-caipira (interior) e afro-caiçara (litoral).

Os registros dessa presença na região remetem aos primórdios da escravidão, período em que o próprio território bantu na África passava por grandes transformações. Vários reinos compunham o universo bantu e eles desfrutavam de relações entre si, sendo alguns reinos menores ligados a reinos maiores, entre os reinos maiores estão: o reino do Ndongo e o reino do Kongo. Esses dois reinos eram reconhecidos também pelos europeus, entre eles, os portugueses, que já estabeleciam relações comerciais e culturais com esses povos antes do implemento da escravização moderna.

Muitos dos escravizados que serão trazidos para o Brasil pertencem a esses reinos e aos grupos étnicos a eles relacionados. O número de pessoas dessa região no Brasil é surpreendente a partir de meados do século XVII até o XIX. Os modos e costumes desses povos serão disseminados no país ainda na escravidão.

A matriz bantu é significativa na constituição social, histórica e cultural da comunidade negra no estado de São Paulo. O bantu é um macrogrupo étnico-linguístico que abarca um conjunto variado de etnias em países africanos na região central e sul do continente. No Brasil houve a predominância de escravizados de origem bantu oriundos da região central africana, onde estão os atuais Angola, República do Congo e República Democrática do Congo. No final do século XIX, também há uma grande presença de pessoas vindas de Moçambique.

Apesar de algumas diferenças de língua e cultura nas civilizações bantu, as afinidades entre elas permitiram, apesar das adversidades da escravidão, a preservação dos seus modos de existência em diálogo com a realidade em que viviam no Brasil.

A organização quilombola é um exemplo desse modelo civilizatório recriado no país, pois essa organização social já era praticada na África em algumas das etnias bantu da África Central. No Brasil os quilombos se fazem presentes na história de norte a sul do país, alguns deles existentes até hoje.

Dessa experiência, o termo quilombo passou a designar não somente os territórios geográficos, a princípio rurais, mas, também, os territórios urbanos de resistência negra, assim como o modo de se pensar a consciência negra no Brasil. Portanto, uma contribuição indelével a todo um sistema de pensamento crítico a partir de uma base afro-referenciada.

Na filosofia, o ubuntu = o ser sendo, o ser com o outro, revela a maneira como o bantu compreende a sua permanência e ligação com a vida. É a filosofia que potencializa a capacidade de comunicação, integração, solidariedade e de comunidade; com isso, alimenta uma narrativa de vida que se opõe ao discurso opressor do individualismo, da dominação e da exclusão, ou seja, a narrativa de morte proposta pela colonização. O ubuntu tem sua referência no comunitarismo e na valorização permanente do outro.

O Batuque de Umbigada, o Jongo e o Samba de Bumbo preservam esses aspectos dos saberes bantu no estado de São Paulo. São registros dessa memória preservada por meio da tradição oral que avançam no tempo, sem que se perca nenhum aspecto essencial desse modo de ser e estar no mundo, o que revela, desse modo, um projeto civilizador vivo capaz de reencantar a existência não somente para os negros, mas para todas as pessoas, independentemente de sua origem étnico-racial.

Preservar e divulgar esse patrimônio cultural de matriz africana no estado de São Paulo é reconhecer a história, a educação e todos os processos de resistência e resiliência dos negros nessa região do país. É possibilitar que esse modelo civilizatório de partilhas seja viabilizado na formação do ser humano tornando-o cada vez mais capaz de reconhecer as diferenças como necessárias ao conhecimento.

Essas tradições africanas que tanto dialogam com outras culturas, entre elas, as nativas do Brasil, formam uma relevante crítica prática aos processos de colonização física ou epistêmica. São propostas decoloniais plenamente antenadas aos movimentos de libertação contemporâneos, o que revela que ser de cultura tradicional não é estar preso a um passado remoto, mas manter o diálogo histórico com o tempo presente, sem que se percam os princípios civilizatórios bantu.

Os batuques paulistas fazem ecoar a partir dos territórios periféricos as vozes quilombolas de liberdade e coletividade, e por meio dessas vozes ancestrais os negros cumbas = sábios continuam ensinando.

Com essas vozes batuqueiras convidamos todas, todos e todes para celebrar a vida cantando e dançando no Batuque de Umbigada, na roda de Jongo e no Samba de Bumbo. Venham participar dessas formas de pensar e re-existir que equilibram e harmonizam o macromundo (universo) e o micromundo (corpo/ ser humano) promovendo o encantamento pelo outro, pela natureza em toda sua expressão. A nossa casa permanece aberta, é "casa de batuqueiro", e nela há muitos ngomas = tambores, entre eles: o tambu, quinjengue, candongueiro, guaiá e o bumbo que não deixa o coração parar.

É com essa inspiração que os capítulos do livro foram escritos e ganharam a característica de serem um chamado para se aproximar, se sentar e prosear.

No primeiro capítulo, em que falamos do Batuque de Umbigada, retomamos aspectos históricos, civilizatórios e filosóficos para firmar um pouco mais a moda, o ponto nesse chão paulista encantado pela presença bantu. Adentramos na comunidade da Caiumba, outro nome pelo qual o Batuque de Umbigada é conhecido, para ouvir as suas vozes do passado e da atualidade na região do oeste paulista, hoje reduzida em alguns municípios, mas com praticantes em outras localidades mais distantes como a cidade de São Paulo e Barueri. Vamos descobrindo os elos familiares de sangue e de extensão dessas andanças batuqueiras e sua capacidade de rearticulação e constante movimentação.

No segundo capítulo, nos encontramos com o Jongo, uma das tradições bantu mais conhecidas do sudeste brasileiro e com raízes profundas em comunidades do estado de São Paulo. São muitas as comunidades jongueiras no estado do Rio de Janeiro, de São Paulo, parte de Minas Gerais e Espírito Santo. Também são diversas as formas estéticas do Jongo, o modo de tocar os tambores e a coreografia das danças. Porém, todos se entendem e se reconhecem em qualquer roda. É dessa forma que uma rede se estabelece desde a antiguidade reunindo essas comunidades. Hoje essa rede é revigorada pela presença de mulheres e jovens que mantém esse fluxo vivo, que permite que a ngoma não pare. Nesse capítulo vamos conhecer algumas dessas comunidades e saber como são preservadas e ressignificadas essas memórias ancestrais.

No terceiro capítulo vamos entrar em contato com o Samba de Bumbo a partir da história afetiva e encantada que traz a memória do querido Mestre Alceu e sua família na preservação do Samba na região de Campinas. Nesse capítulo é impossível não se emocionar com o desvelamento que a narrativa sobre o Samba nos apresenta. Os ritos de passagem das culturas de matriz africana são aqui sutilmente colocados e expostos na medida certa para revelar o sentido do amor, da dedicação, da gratidão, do diálogo e da transmissão. Além de uma perspectiva histórica regional, o texto traz a magia da tradição e do equilíbrio das energias no âmbito da família, algo necessário para a continuidade do grupo.

Nas considerações finais, apontamos possibilidades para ampliar essa prosa e o convite para que voltem, a casa está aberta e será bem-vinda e bem-vindo quem dela se aproximar com respeito.

Dona da casa peço licença para entrar!
A licença é concedida, pode se achegar.
Seja bem-vindo! Vamos almoçar.
Tenha pressa não, temos muito que prosear.
E se precisar pode pernoitar.
(Os autores em referência ao acolhimento quilombola comum às três tradições dos batuques paulistas)

Este livro é escrito pela percepção dos membros dessas culturas, portanto a ênfase é interna e subjetiva, porém em contato com o externo em busca de diálogo, de compreensões, partilhas e aprendizados que sejam comuns e apontem para uma vida vivenciada com direitos e oportunidades para todas, todos e todes. Trata-se de reconhecer a humanidade pluriversal que habitamos, de cuidar uns dos outros e da Casa comum com respeito e gratidão.

Bora batucar!

BATUQUE DE UMBIGADA:
CULTURA E TRADIÇÃO BANTU NO OESTE PAULISTA

Antonio Filogenio de Paula Junior

Introdução

"Eu nasci na caiumba e na caiumba quero morrer" (Mestre Bomba)

Este capítulo propõe um encontro com a caiumba, tambu ou batuque de umbigada identificando sua origem, sua história, os seus membros e os desafios pertinentes a sua existência até os dias de hoje. Em uma breve viagem procuraremos dar atenção à perspectiva de narração endógena, na qual o sujeito de fala revela a percepção do próprio batuqueiro sobre a dança-rito da caiumba.

Nessa proposta não se desconsidera a percepção externa, mas se procura apresentar o agente herdeiro e praticante em seu lugar de direito na enunciação de si. Muitas vezes esse sujeito é emudecido por narrativas alheias, que por vezes deixam de lado alguns sentidos próprios a essas pessoas e comunidades. Esses sentidos são alcançáveis apenas por aqueles que vivenciam a caiumba em diferentes dimensões como expressão latente de uma africanidade brasileira no interior do estado de São Paulo. É desse lugar de membro da comunidade da caiumba que formulo as reflexões e diálogos durante o texto.

A objetificação que procurou colocar a marca da descrição externa para a população negra e suas práticas criou alguns equívocos para a percepção dessas populações. Tal descrição, amparada por um projeto civilizatório colonizador e eurocentrado, definiu o projeto estabelecido para o Brasil antes, durante e após a escravidão, algo que salta aos olhos quando se depara hoje com uma situação emergencial de saúde, o texto foi escrito durante a pandemia da Covid-19, que torna explícitos os desamparos sociais, principalmente os oriundos da negação histórica da população negra a partir da pseudo abolição da escravatura, já que não houve nenhum projeto de inserção do negro na sociedade brasileira que se constituía, pelo contrário: estabeleceu-se a partir do projeto de branqueamento do país um programa de eliminação da população negra, que se consuma no genocídio amplamente observado ao longo desses 132 anos da assinatura da Lei Áurea.

O desamparo social e a ausência de políticas públicas específicas voltadas às populações marginalizadas permitiram que no atual momento de pandemia essas fragilidades ficassem ainda mais expostas.

As mortes ocasionadas pela Covid-19 revelam o retrato de uma doença que atinge a todos, mas que no Brasil se revela na escolha preferencial dos negros, pobres e indígenas, ou seja, os historicamente excluídos para estágios mais graves da doença, muitas vezes levando ao óbito. Essa condição social aproxima esses grupos daqueles tidos como mais propensos aos casos mais graves da doença, tais como os idosos e os que apresentam comorbidades.

Infelizmente, no momento em que desenvolvia a redação deste texto, recebi a triste notícia do falecimento do batuqueiro Oswaldo Ferreira Merches, o Dado de Piracicaba, um dos mais antigos membros do grupo e responsável por um dos batalhões (grupos de batuque), a "Casa de Batuque Fogo Verde". O Mestre Dado foi uma das vítimas da Covid-19.

Torna-se vital dar voz e estabelecer possibilidades de fala a essas pessoas e grupos. Assim, procuramos ouvir e dialogar com alguns batuqueiros e batuqueiras que nos auxiliam a estabelecer a atual representação dessa cultura. São pessoas reconhecidas na própria comunidade como portadoras do conhecimento recebido e vivenciado. Elas trazem a imagem de um coletivo plural da herança africana bantu. A minha participação direta na caiumba, seja como praticante herdeiro da tradição ou como pesquisador, é sempre mediada por esses pares da comunidade.

Na impossibilidade de conversar com todos os membros, procuramos nos aproximar de algumas lideranças dos três principais municípios de atuação da caiumba, sendo eles:

- Robert Matheus Leite de Campos, jovem batuqueiro da família Caxias de Capivari.
- Daniela Aparecida de Souza Almeida, filha do Mestre Herculano, hoje uma das responsáveis pela organização da tradicional noite do batuque na festa de São Benedito de Tietê.

- Vanderlei Benedito Bastos e seu filho Thomas da Costa Bastos, do projeto Casa de Batuqueiro de Piracicaba.

O tema base abordou duas questões: "O que é o batuque para você?" e "Quais as maneiras e desafios para que essa tradição possa ser mantida?".

Em cada caso enfatizamos a presença da pessoa como membro da tradição ao falar sobre as questões. Sendo assim, o Robert apresentou a percepção do jovem: ele tem 18 anos e é membro da tradicional família Caxias, formada por grandes batuqueiros que registram a história dessa cultura em Capivari. A Daniela, a partir da mulher, filha de batuqueiro e hoje uma liderança da caiumba em Tietê, e o Mestre Vanderlei Bastos com a experiência de estar à frente do projeto Casa de batuqueiro, uma ação que acontece desde os anos noventa e que recentemente tornou-se, também, uma empresa cultural e educacional presidida pelo seu filho Thomas, o que nos revela a importância da transmissão na tradição.

Assim, sob aspectos subjetivos distintos, procurei trazer um pouco dessa representação dos três municípios de maior reconhecimento da caiumba. Também realizamos a referência aos municípios de Rio Claro, São Paulo, Barueri, Rafard e Laranjal Paulista por sua presença ativa na comunidade batuqueira.

Ao optar por essas pessoas, o fazemos como mecanismo de compreensão da continuidade da caiumba e suas transformações sociais na atualidade, o que revela aspectos da preservação dessa cultura. Os mais velhos da caiumba serão apresentados pelas modas (cantos), pelos depoimentos e por seus próprios relatos para outras publicações, sendo algumas recentes.

Outros municípios são citados na região por ainda manterem, mesmo que de modo reduzido, a memória da caiumba e, assim, contribuírem na configuração espacial dessa cultura afro-paulista por meio de algumas pessoas e/ou famílias. No entanto, como todo trabalho que visa à valorização das pessoas que compõem a comunidade, antecipadamente me desculpo por alguns nomes que não estão sendo diretamente citados, mas que com certeza são responsáveis pela preservação dessa cultura. Como uma proposta comunitária, espero que possam se sentir representados por meio dos relatos e reflexões apresentadas.

As citações são feitas pelo modo como essas/es batuqueiras/os são conhecidos no grupo, o que muitas vezes se distancia dos nomes de origem, embora, na medida do possível, estejamos apresentando os nomes completos de cada uma das pessoas mencionadas no texto. Achamos importante essa preservação, pois ela indica parte da identidade pessoal constituída junto à comunidade do batuque.

A bibliografia encontrada sobre o tema permite outros subsídios e recortes para apresentação do texto e, ao lado dos depoimentos registrados, são o suporte de apreensão na constituição do material que inicialmente é oriundo das vivências e memórias que tenho junto ao grupo.

No texto utilizo os três modos de nominação dessa cultura: caiumba, batuque de umbigada ou tambu. Porém, será privilegiado na maioria das vezes o termo caiumba, por ter um significado especial que remete à maneira como os mais antigos praticantes denominavam a dança.

Ao longo do material destacamos a herança bantu, da qual a caiumba se origina, e sua significância para a organização das comunidades negras paulistas. A relevância dos africanos da região centro-africana na cultura afro-brasileira é enorme, assim como foram os bantu de Moçambique e os africanos escravizados do oeste do continente, sendo esses últimos principalmente na região norte e nordeste do país.

A cosmogonia e a filosofia africana do ubuntu são destaques para analisar o papel das mulheres e dos velhos na caiumba. Desse modo, a educação celebrada por meio da tradição oral é salientada nesse processo.

O texto foi elaborado procurando estabelecer uma conversa com o leitor de maneira que possa despertar interesse tanto para iniciantes no tema como para alguns iniciados que procuram ter uma perspectiva mais interna do batuque. Para manter essa proposta, procurei a ideia de roda de prosa, sem abrir mão das citações acadêmicas – para garantir o papel de atender os pesquisadores/as que tenham contato com o livro. Mesmo assim, os autores citados são como convidados para nossa conversa. Eles são apresentados, aproximados, aconchegados e acolhidos na comunidade. Os depoimentos recolhidos na própria comunidade batuqueira são apresentados seguindo essa forma, exatamente para revelar a horizontalidade dos diálogos e saberes, um processo necessário para efetivação de um caminho descolonizador no âmbito do conhecimento.

Utilizo o termo "antepassado" no lugar de *in memoriam* para me referir às pessoas da comunidade que já faleceram. Embora a ideia de "em memória" tenha também um sentido relevante, considerei o termo antepassado mais próximo da cosmogonia de matriz africana que nos constitui. Do mesmo modo, tive atenção em não generalizar o termo "ancestral", bastante potente entre nós, já que ele envolve nuances sutis que impedem o seu uso indiscriminado. Todos são antepassados, mas nem todos são ancestrais. Embora saiba distingui-los entre os nossos, preferi agregar essa comunidade em uma mesma designação. O termo "antepassado" dá conta de dizer de maneira mais responsável e atenta o processo de passagem do mundo material ao mundo espiritual, sendo, também, um termo de respeito, atenção e reverência.

Do mesmo modo, os termos mestre ou mestra são utilizados aqui sem todos os critérios que envolvem o sentido profundo dessas expressões no interno das comunidades. Aqui são pensados como os que têm mais experiência, porém a efetivação do que se concebe como "maestria" não se refere aos saberes apenas aparentes sobre a caiumba, mas estão ligados principalmente aos saberes profundos, preservados pelos cumbas e que estão no conjunto iniciático reservado.

Enfim, a caiumba revela a presença negra no estado de São Paulo e seus modos de ser e estar que colaboram na constituição de uma ética que enfatiza a solidariedade tão necessária aos dias de hoje.

Origens e história

Em pesquisa de Paula Junior (2019; 2020), a palavra caiumba no idioma kimbundu traz o sentido de encontro celebrativo ancestral e é a expressão que os mais antigos usavam para nominar o batuque de umbigada ou tambu, que é também o nome do tambor maior de som grave utilizado na *performance* rítmica. A palavra tambu no idioma kimbundu traz o sentido de tambor forte ou mesmo tambor leão.

Por preferência me atenho mais aos termos caiumba ou tambu, principalmente por terem sua origem na perspectiva dos próprios batuqueiros, ou seja, uma indicação subjetiva da narrativa que revela um valor epistêmico bastante significativo da cultura de matriz bantu, a ligação do mundo espiritual com o mundo material que ao mencionar a ancestralidade apresenta parte da cosmovisão bantu do mundo.

O termo batuque de umbigada, segundo Paula Junior (2019; 2020), é a denominação dada pela perspectiva exógena, portanto externa aos sujeitos que promovem essa cultura. Porém, é hoje amplamente utilizado entre os praticantes. Esse termo revela o principal aspecto estético da dança-rito, os tambores e a dança de umbigada.

No entanto, a palavra batuque foi utilizada de maneira generalizada para mencionar as manifestações negras que contam com música percussiva e dança.

Alguns pesquisadores estudam a origem da palavra batuque e a remetem a uma origem africana; porém, a utilização no Brasil foi marcada pela imagem de descrição dos folcloristas. Me recordo de que nos anos oitenta do século XX, quando fui iniciado na caiumba, era mais comum ouvir o termo tambu. Em 1961, o pesquisador Edson Carneiro também utilizou o termo samba de umbigada, referindo-se não somente à caiumba, mas também às manifestações negras praticadas no Brasil cujo aspecto principal da dança é a umbigada.

No ano de 1856, o maestro campineiro Carlos Gomes (1836-1896) compôs "Caiumba: a dança dos negros". E em 1859 o abolicionista e escritor Luiz Gama (1830-1882), que nasceu na Bahia, mas viveu boa parte dos seus dias em São Paulo, onde veio a falecer, se refere à caiumba no poema "Lá vai verso" no livro *Primeiras trovas burlescas de Getulino*, relançado com acréscimos em 2000 com o nome *Primeiras trovas burlescas e outros poemas*. Assim ele escreve:

> *Nem eu próprio à festança escaparei;*
> *Com foros de Africano fidalgote,*
> *Montado num Barão com ar de zote -*
> *Ao rufo do tambor, e dos zabumbas,*
> *Ao som de mil aplausos retumbantes,*
> *Entre os netos da Ginga, meus parentes,*
> *Pulando de prazer e de contentes -*
> *Nas danças entrarei d´altas caiumbas* (GAMA, 2000, p. 12).

E faz questão de dizer em nota de rodapé que caiumbas são "danças animadas, às quais presidem os seres transcendentais" (GAMA, 2000, p. 12).

Penso que,

> *A caiumba é uma dança-rito, na qual a umbigada entre homens e mulheres é uma das características principais, que remete a uma concepção de vida que entende o mundo de modo integrado. A representação do masculino e feminino indica o equilíbrio das forças que atuam no universo em sua constituição e constante transformação* (PAULA JUNIOR, 2019, p. 14).

A valorização dos termos caiumba e tambu enfatizam um processo de descolonização epistêmica que procura garantir que outras expressões de modos de ser contribuam para o diálogo civilizatório contemporâneo.

A ideia de celebração remete a outra palavra bastante utilizada pelos participantes: "festa". Na maioria das conversas com os membros da caiumba, o encontro da comunidade é uma festa. De acordo com Antônio Manoel, o Mestre Plínio (antepassado) de Piracicaba, a festa deve ser de muita alegria e respeito, com o que a grande maioria dos batuqueiros concorda. O Mestre Romário Caxias (antepassado) de Capivari costumava dizer que "é a dança mais respeitosa que tem, mais do que baile" (CAXIAS, 2015, p. 42) e somente quem não participa da caiumba é que pode pensar algo desrespeitoso sobre a dança. O batuqueiro Thomas Bastos (2000) também diz "que aprendeu muito no batuque sobre o respeito".

A festa é um momento único de celebração de afetos e revitalização das memórias, é por meio desses encontros que os elos familiares e de acolhimento são fortalecidos, o que permite a maior extensão dessas famílias ao agregar algumas pessoas que não pertencem aos laços consanguíneos. As heranças ancestrais são vivenciadas em um momento coletivo e comunitário de alimentação: física, psíquica e espiritual.

A distinção entre coletivo e comunidade ou comunitário se dá porque o segundo termo evoca uma proximidade maior e um comprometimento que aproxima ainda mais as pessoas em torno de aspectos em comum, o que estabelece a comunhão entre os seus membros. Assim, de acordo com o filósofo congolês da etnia bakongo Kimbwandende Bunseki Fu Kiau (2001, p. 98), citando um provérbio em kikongo: *"Kânda wakandula biêla bia kânda"* que tem o sentido: "a comunidade cuida dos seus membros e resolve os seus problemas", percebe-se o quanto o sentido de comunidade é amplo para os bakongo, uma das etnias bantu escravizadas no Brasil e que estão nas raízes constitutivas da caiumba. A noção de comunidade na caiumba traz a mesma significação expressa nesse provérbio.

O conhecimento proverbial é uma parte da tradição oral e está presente nas tradições bantu na África e na diáspora. Na caiumba ele é encontrado nas modas e carreiras, os versos cantados que guardam saberes diversos.

A energia promovida nas festas amplia as alianças com os seus mais velhos e o sentido de suas existências. O conceito de energia vital é muito presente entre os povos bantu e salienta que tudo é energia compartilhada, podendo essa energia ser aumentada ou diminuída. Na caiumba, a energia é equilibrada no encontro do masculino e do feminino pelo toque dos umbigos. As energias feminina e masculina se complementam e não se opõem.

Ao falar da estética coreográfica da dança, o batuqueiro Domingos Arruda (2015, p. 36), o Rei Domingos de Tietê, diz:

> *o batuque é assim. Os homens ficam do lado do tambu e do quinjengue, uma fileira de homens à esquerda e à direita dos instrumentos. Os batuqueiros. E as batuqueiras, também em fileira, estão do outro lado, de frente para os batuqueiros.*

A dança extrapola a ideia de uma coreografia definida como de passos simples e aparentemente repetitivos. É na ludicidade da dança expressa na umbigada e na co-criação de cada membro que se abre um infinito de possibilidades de sentir esse momento e, desse modo, estabelecer a partir do próprio corpo em contato com o outro uma variedade de movimentos que inspiram a harmonia da vida.

É a magia, o encantamento celebrado pelos cumbas – mestres mágicos da palavra capazes de reencantar o sentido da existência, principalmente para aqueles/as que historicamente foram alijados do direito à vida, ao menos aquela que se organiza a partir da sociedade escravista, liberal ou capitalista, na qual se exerce o controle do outro por meio da sua exploração sistemática.

As festas fazem lembrar quem se é e por que se está, elas revivem em momento presente toda corrente do passado e indicam o futuro almejado, mas com os pés firmes no chão sagrado do agora, a presentificação de ser, e ser em comunidade solidária e livre.

Quando o missionário e pesquisador belga Placide Tempels esteve na África, percebeu nas organizações sociais de matriz bantu o modo integrado e inter-relacional de conceber a vida. A valorização da ancestralidade e a ideia consistente de uma energia original que possibilita a existência de todos os seres, inclusive o ser humano. Trata-se de uma cosmogonia que se apoia em formas de pensamento articuladas em princípios éticos considerados vitais, no qual a mulher ocupa um lugar especial. Em muitos desses grupos o matriarcado é a forma por meio da qual organizam a comunidade.

Placide Tempels (1959) notou que se tratava de uma filosofia bantu presente nas etnias que compõem esse macro grupo étnico-linguístico que habita uma vasta área territorial do continente africano. Compreendeu, apesar de suas dificuldades de aproximação e formação baseada na cultura europeia, que estava diante de um patrimônio civilizatório que organizava a civilização bantu. Um patrimônio de grandes significações em distintas áreas de conhecimento. Esses princípios culturais bantu atravessaram o Atlântico na diáspora escravista e chegaram às Américas.

No Brasil, a matriz bantu encontrou as referências culturais nativas do lugar e, com elas, estabeleceu um diálogo que permitiu a sua resistência e re-existência, preservando os princípios da compreensão de mundo bantu. Foi assim que no oeste paulista ou médio Tietê foi se constituindo a caiumba desde os primórdios da escravidão no estado de São Paulo.

Nesses encontros houve também o contato com a referência europeia, aspecto que já acontecia no continente africano, sobretudo para as civilizações bantu centro-africanas, como revelam as relações comerciais e culturais entre os reinos do Kongo, de Matamba e do Ndongo com Portugal.

De acordo com o historiador norte americano John Thorton, "os habitantes da África Central dos séculos XVI e XVII possuíam um sistema religioso e cerimonial bastante estável, cuja maior mudança não procedeu da instabilidade, mas da introdução do cristianismo" (THORTON, 2010, p. 81), o que explica em parte a proximidade de algumas culturas bantu com formas do catolicismo popular no Brasil.

Existe uma alta capacidade bantu para realizar intercâmbios culturais, muitas vezes pensados como sincretismo. Porém, os bantu não deixam de preservar uma cosmogonia própria que reconhece no outro as similaridades e possibilidades dialógicas. Nessa perspectiva as etnias bantu trouxeram um modelo civilizatório de diálogo para o Ocidente com uma vasta repercussão no Brasil.

Um exemplo dessas construções realizadas no país é perceptível nas antigas expressões religiosas bantu, que se iniciam com o calundu, chegando até as roupagens mais recentes que culminaram na organização da religião denominada umbanda, a qual atualmente apresenta várias correntes e linhas. No entanto, de acordo com os estudos em ciência da religião realizados pela pesquisadora brasileira Brígida Malandrino (2010) sobre a origem da umbanda, existe uma nítida herança bantu nessa religião que precisa ser valorizada.

O candomblé de raiz Congo-Angola é outro cenário relevante para se perceber o alcance da cosmogonia bantu no além-mar. As congadas e os moçambiques mineiros, e sua ligação ao catolicismo das irmandades e confrarias religiosas negras, revela o grau de espiritualidade bantu impresso nessas práticas que flertam com vários elementos simbólicos e estéticos das culturas populares imersos na encantaria africana e no mundo dos ancestrais.

Na caiumba a espiritualidade bantu é vivenciada em todas as suas dimensões. Às vezes se expressa com elementos da religiosidade do catolicismo popular e sua devoção aos santos e a Nossa Senhora; contudo, o batuque não está vinculado formalmente a uma expressão religiosa, como acontece com as congadas, por exemplo. O rito da caiumba não necessita do aparato estético e simbólico do catolicismo para sua realização; em alguns casos e apresentações se faz uma oração inicial de acordo com os organizadores da festa e o contexto em que ela ocorre. Entre os batuqueiros existem pessoas ligadas a diferentes expressões de fé. No entanto, a ancestralidade, a comunidade e a espiritualidade são sempre presentes na dança-rito da caiumba.

Para se ter uma ideia do valor do componente da ancestralidade, basta ver a reverência realizada aos povos originários do Brasil, que são honrados nas tradições bantu em forma de agradecimento pela acolhida no território brasileiro, pois foram os indígenas que ensinaram os africanos a sobreviverem em uma terra desconhecida, ensinaram sobre as plantas e os animais locais, e, com isso, foi possível realizar o reconhecimento por similaridade com as plantas e os animais antes encontrados no continente africano. A construção cultural afro-brasileira é uma construção coletiva dos de lá com os de cá, e é permeada pelo acolhimento. A matriz bantu precisa ser cada vez mais estudada, como enfatiza a historiadora norte americana Linda Heywood (2010), o que pode possibilitar o entendimento desses muitos processos de partilha e encontros culturais no continente africano e na diáspora.

Existe uma divindade cultuada com diferentes nomes no universo espiritual bantu que remete à ideia do movimento necessário para a vida, o que implica a representação da própria cultura. A expressão humana é dinâmica por conta da vida. A mobilidade é necessária a toda existência, e a cultura como construção essencialmente humana ocupa com primazia essa capacidade de movimentar-se; em conjunto com a fala, estabelece a dinamização dos corpos que interagem nos diferentes lugares dos territórios internos e externos. De acordo com a opinião da batuqueira e geógrafa Yaísa Domingos de Carvalho Miguel e com a minha opinião, eu, batuqueiro e filósofo (2019), o corpo-território e o espaço geográfico são os territórios do encontro e da celebração.

É por meio dessa dinâmica que a caiumba é uma dessas muitas imagens simbólicas que ressignificam o sentido ancestral perpetuado pelos bantu ao longo de sua existência na diáspora. Anunciar e enunciar essas narrativas temporais é revelar modos de ser e estar no mundo, celebrados desde o mais remoto dos tempos, que permanecem presentificados pela sua enorme capacidade de dizer o que é necessário ser dito, o que é preciso ser lembrado para manifestar ao ser humano quem é ele, o que está fazendo aqui.

As modas e carreiras do batuque falam de tudo, expressam o todo do ser humano em suas angústias, alegrias e tristezas com pitadas de humor e amor. Ao expressar as vozes de sujeitos que são oprimidos, enaltecem a força da palavra, a encantaria da transformação que refunda e estabelecem caminhos comunitários para organização social.

Vejamos a carreira cantada por Nelson Alves (antepassado), o Mestre Bomba de Tietê. Essa carreira = versos de improviso e desafio é inspirada nas histórias da escravidão contadas pelo Rei Domingos, um dos grandes mestres da caiumba no município de Tietê.

Vou lembrar dos velhos tempos
Dos tempos da escravidão
Que o nego não sabia lê
E só sofria judiação
E trabalhava de sol a sol
Inda apanhava do patrão.

O lugar de fala é de mobilidade e de encontros. É um lugar de transformações e de escuta. Para a tradição oral, de acordo com o filósofo malinês Amadou Hampaté Bâ (2010), o dinamismo e atualização dos saberes demandam encontros, formas de comunicação que permitam a fala e a escuta atentas, ou seja, solicitam as redes de aproximação.

A caiumba é uma dessas formas culturais que possibilita esses encontros e ensina a ser com o outro. O ser solidário e comunitário na civilização bantu se expressa, em grande medida, na filosofia do ubuntu, o ser sendo com o outro, pois somente se é quando o outro também é. Não há vida no distanciamento do ser que o outro representa.

A vida implica comunhão, mesmo que em tempos de Covid-19 ela adquira outros sentidos, devido ao distanciamento físico/social como cuidado. O distanciamento ao qual nos referimos é a distância da percepção do outro e da empatia. Por isso, os valores comunitários bantu permanecem mais do que nunca necessários para esse tempo. Eles continuam dialogando com a contemporaneidade e revelam a força que ajuda a manter o sentido da vida e a busca por liberdade.

Para a batuqueira Anicide de Toledo de Capivari tudo isso se retrata como festa pela energia que cada um disponibiliza para a realização do encontro. Ela faz isso por meio do canto que aproxima todas e todos. Um canto capaz de comunicar o mundo ancestral/espiritual e o mundo material. Em uma de suas modas diz:

Perguntaram pra mim
Se eu estou muito bem com a vida
A resposta que eu dei
Eu estou muito bem com a vida
Saúde pra mim não falta
A amizade e a comida.

Para Valdina de Oliveira Pinto (antepassada), a Makota Valdina, sacerdotisa do culto de nkisse do candomblé de matriz Congo/Angola, a energia está toda impregnada no futu, o pacote da existência do qual fazemos parte com a capacidade do encantamento de todas as coisas. O canto é uma dessas maneiras de encantar, e é exatamente isso que se expressa na voz de Anicide de Toledo, já com quase noventa anos. Segundo ela, "as pernas já estão fracas, mas a voz continua firme".

Essa noção da cosmogonia bantu apresentada por Makota Valdina pertence ao mesmo universo de saberes que Bunseki Fu-Kiau (2001) relata por meio da tradição bakongo e corresponde ao que é praticado na festa da caiumba. A maneira de sentir o mundo determina as relações vivenciais e amplia a noção de existência integrada.

O canto, a dança e o rítmo formam a base em que o rito acontece e o material e espiritual se fundem em ato celebrativo em que a memória dos que já foram se faz presente como parte da crônica dos que estão vivos. Para Malandrino (2010), os ritos bantu sempre evocam o mundo dos mortos em diálogo com os vivos e, assim, conclamam a existência com re-existência desde a escravidão.

Quando se aproxima da energia presente na festa da caiumba, é perceptível esse universo mágico. A vitalidade manifesta nas pessoas não permite que elas possam ser concebidas em seus tempos cronológicos. A juventude e o vigor lhes aflora de uma maneira incrivelmente perturbadora para alguns, mas plenamente compreensiva e aclamada para muitos.

Um exemplo é a batuqueira Odette Martins Teixeira, a dona Odete, conhecida carinhosamente como "Mãe África" de Piracicaba. Ela dança e brinca como uma menina em um corpo de mais de oitenta anos. É essa energia, o nguzo, que os bantu desde África levaram para o mundo. O todo da dança, do canto, do ritmo e da canja (comida típica feita com carne de galinha e arroz) fornecem o alimento necessário para os seres que são e seguem sendo na preservação da comunidade.

Em pleno momento da pandemia pela Covid-19 a dona Odete e sua filha Catharina Martins Teixeira compartilham vídeos nas redes sociais de como seguem no isolamento em casa brincando, dançando e sorrindo. Estão mantendo firme a energia que as constitui esperando o momento em que possam novamente estar reunidas com o grupo, a comunidade da caiumba. A vitalidade é mantida pela comunhão que estabelecem, apesar da distância, com o restante das pessoas.

Observar os irmãos Odair de Arruda, o Fião, e Wilson Arruda Alves, o Tô, cantando traz a memória viva do irmão falecido em 2018, o querido Bomba. As modas são entoadas na levada típica do interior paulista, cadenciadas no ritmo do rio Tietê.

Meu bem fui morar no mato
Junto com os amigos meus
Um bando de tangará
Que dança do jeito seu
O meu barco já afundou
E Bomba inda não morreu
Por isso eu estou aqui
Pra fazer o gosto seu
(Bomba)

Esses irmãos conhecem as festas tradicionais do interior e são embalados pelo repente do cururu (modalidade da música caipira) com sua viola compassada e pelos pousos do Divino Espírito Santo (lugares de culto organizados por famílias devotas), uma expressão religiosa católica de origem portuguesa que ganhou formas próprias no Brasil ao congregar pela fé negros e indígenas em um culto do catolicismo popular. Eles conseguem seduzir todos que os ouvem com a escuta do coração em adorável sensibilidade que remete ao mais bucólico da vida no interior paulista.

Ô moda, ô moda
A moda que eu cantei naquele dia
É com Isaltino em cima daquela serra
E a sereia quando ouviu aquela moda
Perguntou pra Isaltino quem eu era
(Bomba e Fião)

Os batuqueiros Bomba, Fião e Tô são baluartes da cultura afro-paulista e juntos representam uma tradição ancestral que percorre as veias da família. A alegria desses meninos de mais de sessenta anos ao estarem na caiumba não é menor que a de uma criança brincando com seus amigos em um dia de aniversário. Essa energia mantinha os negros vivos, apesar das adversidades, e fortalecia a união para se caminhar juntos com calma, um sustentando o outro, um apoiando o outro nos momentos de maior dificuldade: sorrindo e brincando em todos os momentos em que esses encontros podiam ser celebrados. Essa é a máxima do ubuntu como filosofia bantu.

A preservação dessa cultura se dá pela maneira como ela faz sentido na vida dos batuqueiros de hoje, assim como o fez no passado. Ao ser uma cultura de tradição, cuja transmissão se dá em grande medida pela oralidade, existe uma dinâmica pertinente à contemporaneidade de seu acontecimento.

A tradição não se trata de algo que esteja no passado, mas antes algo que se atualiza no presente, que permanece em comunicação, assim como o tambor que anuncia a festa, tal como o fez o sete-léguas, nome do lendário tambu do Mestre Romário e sua família. De acordo com o Mestre Plínio, "todo tempo não é um". Tudo se modifica, se transforma e se atualiza, mas sem perder suas referências.

O jovem batuqueiro de Piracicaba Caetano Rafhael Turano, o Caetano, e sua família, formada pela companheira Milena Alexandre Corrêa e os filhos Victor, Enzo e Miguel, são um exemplo dessa continuidade e de como essa cultura contagia e envolve. Eles, que não são oriundos da tradição da caiumba, encontraram nessa comunidade o acolhimento para serem conosco, e fazem isso expressando a alegria de fazerem parte, de estarem juntos. Como diz o Caetano: "É algo que mexe muito comigo e faz bem". Tal perspectiva se encontra também no casal de batuqueiros Andrea Lucio Martins e Igor Alexandre Caetano Mathias, sendo ela uma das cantoras acolhidas no batuque e ele herdeiro familiar dessa tradição. As crianças da família, Uirá e Rael, já acompanham os encontros e apresentações da caiumba.

Essa capacidade de acolhimento e comunicação é fantástica no universo da caiumba. A comunicação dos tambores, o seu chamado que desde a África tem como uma de suas funções a ampliação sonora da voz humana é incrível, algo que continuou sendo realizado na diáspora.

Os tambores são mensageiros por excelência, seja no mundo físico, para as coisas materiais, seja no mundo não físico, para as coisas espirituais. O som do tambu se fazia ouvir a uma distância significativa nas noites escuras das fazendas e quilombos paulistas anunciando nascimentos, casamentos, falecimentos e indicando rotas de fuga. Algo incrível gestado em uma técnica ancestral que se repete e se atualiza em outros suportes tecnológicos contemporâneos.

Ao comunicar e possibilitar o diálogo com o outro, a caiumba paulista tem, apesar das muitas semelhanças com outras expressões culturais bantu, a sua especificidade. Como salienta Thomas Bastos (2000) "o batuque tem sim sua ancestralidade negra africana, mas acho que ele tem um sotaque muito característico, que só ele tem. Essa coisa da música caipira e o jeito de falar as palavras". A localização da caiumba salienta esse território no interior do estado com suas particularidades.

Atualmente, em uma extensão geográfica menor, a caiumba se concentra especialmente nos municípios de Piracicaba, Capivari e Tietê, com núcleos ativos em Rio Claro, São Paulo e Barueri, além de outros que se juntam aos municípios de maior expressão da caiumba e que são originários de Rafard e Laranjal Paulista.

A região mencionada como oeste paulista é composta por mais de vinte municípios e faziam parte, segundo o historiador e geógrafo piracicabano Noedi Monteiro (2018) e Paula Junior (2019), de uma rota quilombola que se iniciava em Piracicaba e percorria vários municípios paulistas, e chegava até Mato Grosso e Goiás. O campus de Araraquara, como era conhecida essa rota, coincidia com a presença parcial da caiumba em alguns desses municípios no estado de São Paulo.

É significativo pensar nessa rota a partir do quilombo do Corumbataí (1750-1804) em Piracicaba, um dos muitos quilombos existentes na região, pois, tal como aconteceu em Palmares, ele resistiu por anos aos interesses coloniais até ser definitivamente destruído após lutas intensas. Os quilombos são uma forma de organização bantu que se estabeleceu de norte a sul do Brasil proporcionando muito sentido às lutas negras pela liberdade e pelos direitos humanos. De acordo com o antropólogo congolês residente no Brasil Kabengele Munanga (1996), os quilombos já eram parte de uma antiga organização africana no centro-oeste que foi transplantada para o Brasil e aqui serviram de mecanismo de congregação de negros, indígenas e mesmo brancos que estavam fora da estrutura de dominação colonial.

O modelo de organização quilombola é tão importante que define conceitualmente a militância negra através do quilombismo, expressão utilizada e cunhada pelo escritor, dramaturgo e artista plástico brasileiro Abdias do Nascimento (2009) para dizer da necessária organização em termos comunitários e solidários, na qual a participação é aberta e expressa a força coletiva em acordo com o modelo africano original; portanto, existe o acolhimento e a colaboração, mas também uma hierarquia definida muito bem distribuída.

Esse modelo quando observado na caiumba revela bem o papel das mestras e mestres junto ao grupo, no qual os mais velhos têm um lugar de destaque como portadores dos conhecimentos antigos. Sendo essa mais uma expressão cultural da tradição oral.

Seja no campo geográfico, histórico ou conceitual, que remete também aos estudos sobre os quilombos urbanos e rurais, nós temos no oeste paulista por meio da caiumba uma organização estabelecida como parte constante da vida quilombola, e que se mantém na própria configuração do grupo de caiumba.

A espacialidade da caiumba é considerada restrita quando comparada com outras manifestações da matriz bantu, mas ao mesmo tempo a especificidade da prática e a capacidade em mantê-la dinâmica preservando sua ancestralidade tem sido o diferencial na sua continuidade. Tal iniciativa é parte da motivação que coloca o grupo tradicional em plena atividade com auxílio para apresentações por meio de projetos e parcerias. Muitos dos projetos surgem por iniciativa dos membros do grupo e outros por meio das parcerias que se constituíram ao longo do processo. Alguns desses trabalhos merecem destaque e são os responsáveis pelos desdobramentos e diálogos da comunidade batuqueira hoje.

O "falar" atual da caiumba

Desde os anos cinquenta no século XX as cidades de Capivari, Piracicaba e Tietê se reuniram e constituíram o grupo de caiumba contando principalmente com pessoas desses municípios. Até hoje essa organização é mantida e se configura a partir de conversas periódicas entre as lideranças dessas localidades. No entanto, tal organização prevê a autonomia de cada município em suas decisões.

Até meados dos anos dois mil, a reunião desses municípios deliberava a realização de três festas principais:

- Festa de São Benedito em Tietê-SP, normalmente no mês de setembro, em homenagem ao santo negro aclamado pelas irmandades negras católicas de São Benedito.

- Celebração de aniversário da Sociedade Beneficente 13 de Maio em Piracicaba-SP no mês de maio.

- Sábado de Aleluia em Capivari-SP em abril que é o chamado sábado santo na tradição católica e antecede a Páscoa.

Atualmente, apenas a festa de São Benedito tem seguido esse calendário, as outras passaram por adequações e os encontros são celebrados em épocas e locais diferentes.

Capivari

Nos anos cinquenta, o município de Capivari chegou a constituir por meio dos batuqueiros Benedito Caxias (antepassado) e Mariano Fernandes (antepassado) a "Associação de batuque em prol das crianças pobres de Capivari" que depois seria denominada "Sociedade de batuque de Capivari".

Era uma "verdadeira união de batuqueiros" (Batuque de umbigada, 2015, p. 23). Uma ação que inspirou movimentos importantes por parte dos batuqueiros em outras localidades.

Durante bastante tempo a família Caxias foi uma das grandes responsáveis junto com outros membros por manter viva a tradição da caiumba em Capivari, sendo o batuqueiro Romário Caxias (antepassado), filho do seu Benedito, um dos grandes mestres dessa tradição, lembrado com muito carinho e respeito por todos os participantes. Ao lado da Mestra Anicide de Toledo, ele cuidou por muito tempo do grupo de Capivari e era presença constante nas festas e apresentações da caiumba. É consi-

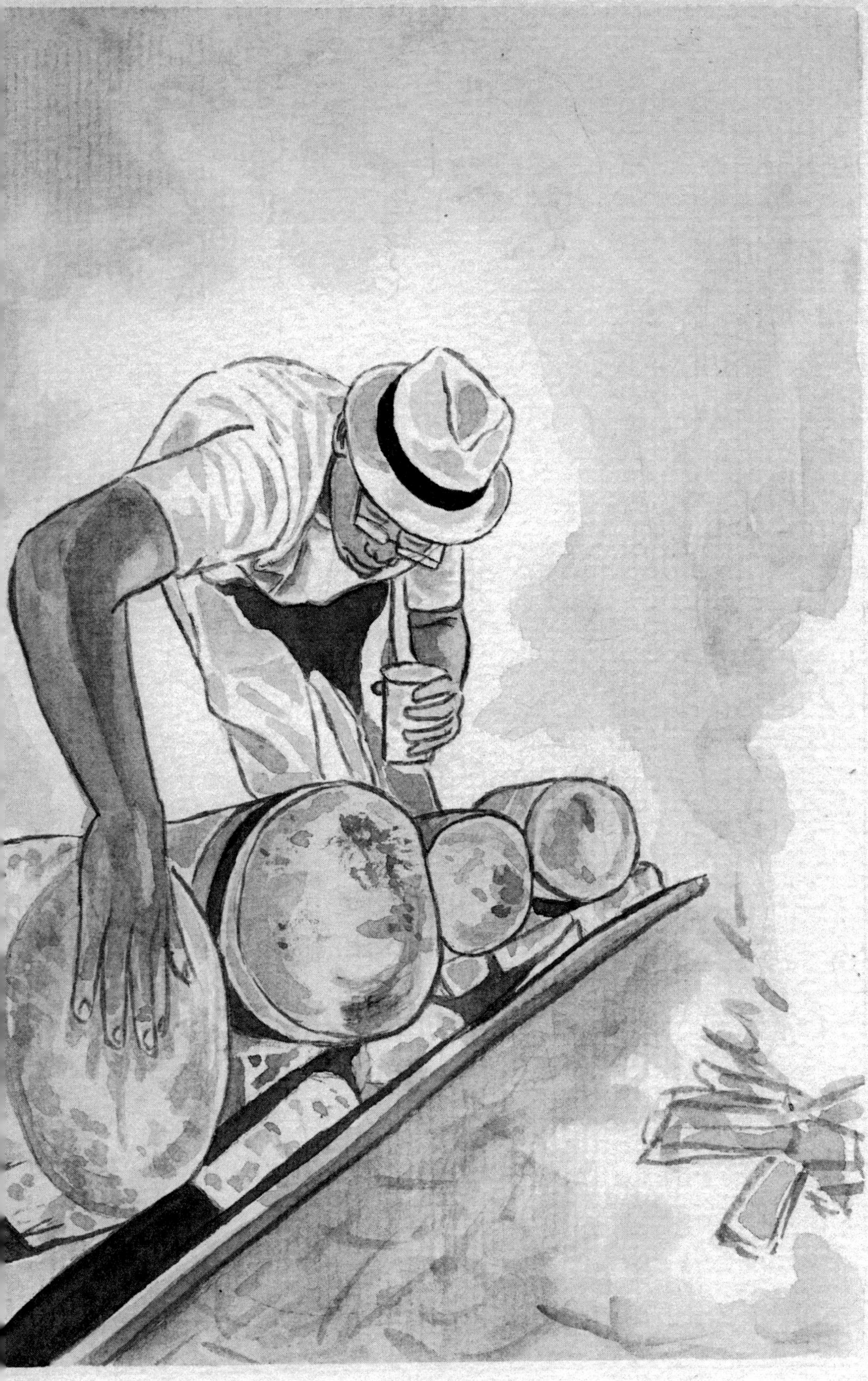

derado por todos como um dos grandes nomes na execução do instrumento tambu.

A organização do grupo de Batuque de Umbigada Guaiá de Capivari foi uma das ações que colaboraram na constituição de projetos locais em prol da caiumba.

Atualmente o fundo da casa da batuqueira Marta Joana da Silva, a partir do projeto Quintal da Marta, é um dos desdobramentos dessas importantes ações promovidas pelos batuqueiros de Capivari com parcerias, entre elas, com o coletivo Diadorim Cultura Popular, responsável pela elaboração do projeto. Hoje a liderança da caiumba de Capivari está sob a responsabilidade das batuqueiras Anicide e Marta, acompanhadas pelas batuqueiras e batuqueiros mais antigos da cidade, assim como por vários jovens que dão continuidade às ações, entre esses: a Paolla Toledo, neta da Marta. É no quintal da Marta que se reúnem com maior frequência os batuqueiros Carlos Caxias; Douglas; Theresa de Jesus; Silvino; Francisco Avelino Correa, o Cocão; o Valmir Benedito; o José Roberto; entre outros.

Um desses jovens de Capivari e participante das atividades do quintal da Marta é Robert Matheus Leite de Campos, herdeiro da linhagem dos Caxias na tradição da caiumba, que desde criança acompanha os mais velhos do grupo. Aqui ele traz um depoimento em que exprime o que pensa sobre essa cultura e o que acredita ser necessário para preservá-la.

"O batuque de umbigada, ele traz a expressão cantada, a expressão dançada, retratada do que acontece no nosso meio, no nosso dia-a-dia" (CAMPOS, 2020). Nesse momento canta a moda "Moro em Capivari", que fala sobre o racismo na cidade, de autoria da Mestra Anicide de Toledo. Salienta que gosta muito dessa moda.

> *Moro em Capivari*
> *Gosto muito da minha terra*
> *São João que me perdoe*
> *Do que eu vou falar aqui*
> *É preciso acabar o racismo*
> *Dentro de Capivari*
> (Anicide de Toledo)

De acordo com Robert,
essa moda traz um pacto muito grande, porque fala sobre o que todos têm noção, mas

que é uma coisa muito, muito difícil de se falar que é o racismo. As pessoas têm um grande tabu ainda na hora de falar do racismo. Então, a forma que eu vejo hoje pra gente fazer com que esta cultura continue crescendo, que continue sendo elevada, exaltada por aqueles que gostam, que conhecem realmente o batuque de umbigada é a gente levando da periferia para o centro, a gente levando para as escolas. A partir do momento que a gente não ensina o próximo, ela vai deixando aos poucos de ser uma cultura. Vai caindo no esquecimento e aí a gente vai falando, será que aconteceu? Será que é verdade isso? Então, para que a gente, para que as pessoas possam entender o que o batuque de umbigada é, não só uma dança que bate o umbigo com umbigo entre homem e mulher, mas que tem todo um fundamento que os povos bantu nos ensinaram, a gente tem que começar a levar esse tal conhecimento para as redes sociais, que não é só levar a dança, porque aprender a dançar é o mais fácil, mas aprender os fundamentos, aprender a história do batuque de umbigada, trazer o depoimento de pessoas mais velhas, de pessoas mais novas, eu acho isso muito importante, lembrando também o trabalho essencial que alguns pesquisadores, alguns historiadores estão nos fornecendo aí (CAMPOS, 2020).

A educação, o acolhimento e os valores da caiumba em diálogo com os jovens é algo que continua sendo realizado em Capivari.

Tietê

De acordo com o batuqueiro Benedito Alves de Assumpção Filho (antepassado), o Dito Assumpção, aconteciam festas em três terreiros de batuque em Tietê. Entre eles, a festa da Santa Cruz. Que começou da seguinte forma:

Chegou uma festa de S. Benedito, há muito tempo atrás... então teve um temporal tremendo, e o pessoal de Tietê disse: "como é que nós vamos fazer esse batuque aqui. Com chuva?". O Rei Domingos, dono do terreiro, reuniu todos aqueles antigos – Zequinha, João Silvano, Plínio, Belo, Vicente, Teotônio, todo mundo – e falou: "olha eu vou doar esse terreno pro batuque. Festa de S. Benedito não pode sair daqui". Foi um compromisso que os antigos fizeram com S. Benedito. Então, não pode fazer em qualquer lugar (ASSUMPÇÃO, 2015, p. 23).

Um nome sempre lembrado pelos batuqueiros de Tietê e região é o de José de Moura Marçal (antepassado), o Mestre Zequinha, pai de Herculano e um dos cumbas mais respeitados na caiumba como um experiente tocador do tambu e conhecedor dos mistérios profundos do encantamento pela palavra.

Em Tietê aconteceram oficinas de batuque nos anos dois mil em espaços escolares com a presença dos batuqueiros mais antigos do grupo, tendo Herculano de Moura Marçal (antepassado) como uma das referências para o trabalho desenvolvido.

Após o falecimento dos batuqueiros Herculano e Bomba, o trabalho junto à comunidade da caiumba tem continuidade pelas mãos dos filhos e netos do Mestre Herculano: Jorge Ribeiro Marçal, o Jorginho; Daniela Aparecida de Sousa Almeida, a Daniela; Robsom Expedito Ramos Marçal, o Robinho; Karine Ramos Marçal e Giovana Rodrigues. E, pelos descendentes da família Arruda: Fião e Tô. Mais recentemente outro importante batuqueiro de Tietê, Edmur Luiz Pinheiro, o Edmur, fez sua passagem ao mundo dos antepassados. Ele sempre se fez presente colaborando nos encontros da caiumba.

Em Tietê está se formando uma geração de batuqueiros que reúne junto aos mais velhos os jovens que seguem em total consonância com os ensinamentos dos mestres mais antigos. Hoje o grupo de Tietê homenageia o Mestre Herculano dando o nome dele ao grupo de participantes da cidade. Veja a moda do batuqueiro Fião em honra ao amigo e mestre da caiumba.

Herculano pode descansar em paz
Enquanto eu estiver de pé Herculano
O seu batalhão não cai
(Fião)

A caiumba sempre pulsou forte em Tietê e muitos nomes da cidade levaram essa expressão de energia para outros campos da cultura, entre eles: o mestre e poeta Carlos Assumpção, residente em Franca-SP, e o músico Itamar Assumpção (antepassado) em São Paulo capital.

Piracicaba

Em Piracicaba tendo à frente os batuqueiros João Batista Marçal (antepassado), o Belo, e Antonio Manoel (antepassado), o Plínio, a caiumba se consolidou nos anos cinquenta, em torno da Sociedade Beneficente 13 de maio, que reunia os diferentes grupos da cidade e abrigava uma das tradicionais festas de batuque em comemoração ao aniversário da entidade considerada uma das mais antigas do Brasil com fundação em 1901 quando era conhecida como Sociedade Beneficente Antônio Bento, sendo renomeada em 1908.

Em meados dos anos noventa surge em Piracicaba o projeto Casa de Batuqueiro, oriundo das motivações do batuqueiro Vanderlei Benedito Bastos. Ele me convida para realizar algo que pudesse garantir a permanência do batuque de umbigada que estava tendo dificuldades para manter a continuidade do grupo em suas apresentações públicas, principalmente por conta do envelhecimento natural dos seus membros. O falecimento dos membros mais velhos e a pouca manifestação de interesse na participação pelos jovens, mesmo dos familiares das mestras e mestres, agravava a situação.

Contando com o apoio e a orientação do Mestre Plínio e da Mestra Odette, o trabalho foi ganhando forma a partir de quatro ações iniciais:

1) A realização do batuque na Praça José Bonifácio (centro), na antiga concha acústica, no local em que hoje está instalada a agência da Caixa Econômica Federal e o Poupatempo. Que teve a colaboração do cururueiro Moacir Bento de Lima, o Moacir Siqueira (antepassado), do batuqueiro Oswaldo Ferreira Merches, o Dado (antepassado), do seu Mariano, que se tornaria provedor da irmandade de São Benedito e do amigo radialista Hilário (antepassado). Colaboraram na realização a Secretaria Municipal da Ação Cultural, através do Centro de Documentação, Cultura e Política Negra.

2) A realização de oficinas de batuque nas comunidades de origem da caiumba com a aproximação dos mais velhos, jovens e crianças.

3) O amparo na área de saúde aos mais velhos.

4) A criação do grupo de batuque de umbigada infantil Tio Tonho em homenagem ao batuqueiro Theotônio de Moura (antepassado), o Tio Tonho ou Tio Tone, morador da Vila África em Piracicaba, um reduto da comunidade negra no bairro Independência. Tio Tonho era irmão do Mestre Belo de Piracicaba e ambos eram primos do Mestre Herculano de Tietê, todos meus primos por parte de minha mãe. O grupo infantil foi organizado a partir das aulas de dança-afro ministradas pela professora de educação física e batuqueira Marcia Maria Antonio, a Marcinha, moradora do bairro e neta dos fundadores da comunidade.

O trabalho desenvolvido pelo projeto Casa de Batuqueiro funciona como uma escola que procura iniciar os seus participantes no universo da caiumba e sua relação com outras manifestações negras, tais como o jongo e o samba rural paulista. Para Thomas Bastos (2000) o batuque "é um lugar em que aprendi muitos valores que eu vou levar para toda vida" e, desse modo, "é um ambiente, é uma manifestação, é uma cultura que eu associo sempre a uma coisa muito parecida com a escola e com a família". É com essa motivação, cuidado e a permanente ligação com o seu pai e os mais velhos que ele preside a Casa de batuqueiro que recentemente se tornou, também, uma empresa cultural e educacional.

Trata-se de algo que aponta para o fato de que os membros possam eles próprios gerir suas ações. Desse modo, concretiza a síntese de uma prática quilombola contemporânea em todos os aspectos: de reunir, preservar e desenvolver a partir da ideia de liberdade comunitária que se orienta pelos saberes que envolvem a caiumba. É também um centro permanente de pesquisa sobre a caiumba e suas origens.

O projeto reúne em seu acervo pesquisas sobre o tema, incluindo a primeira tese de doutorado em educação que fala da filosofia afro-brasileira a partir da caiumba, pesquisada por mim. Vários livros, entre eles, os infanto-juvenis *Dandara* escrito por Vanderlei Bastos em 2012 e *Ingoma, o menino e o tambor* de Lucas Puntel Carrasco, de 2010, inspirado nas histórias contadas por Vanderlei.

Ainda tivemos em Piracicaba, em 2007, a construção de um barracão para os membros da caiumba idealizado pelo batuqueiro Dado, denominado Casa de Batuque Fogo Verde. E, anualmente, é realizada a centenária festa da caiumba no sítio da família Soledade, sob a liderança e organização do Mestre Pedro Soledade. Trata-se de uma festa mantida na família e que há alguns anos foi aberta ao público por meio de uma parceria com o SESC.

Rio Claro

Em Rio Claro, vários membros da comunidade negra tiveram parentes ligados ao batuque. Mesmo assim, por aproximadamente cinquenta anos, a dança deixou de ter apresentações públicas e a formalização de um grupo. Entre os principais motivos estão a perseguição policial e o preconceito, embora alguns conflitos internos entre as famílias de batuqueiros também tenham contribuído para o distanciamento da prática coletiva e pública.

As pesquisas do historiador Paulo Sergio Moura Rodrigues (antepassado) apoiadas por membros da comunidade negra local, entre eles, Marcos Antonio Lopes, deixam uma importante sinalização que revela a forte perseguição social das práticas negras no município.

As memórias orais da comunidade negra de Rio Claro, entre eles: Divanilde de Paula, a dona Diva; do batuqueiro Ailton de Oliveira, o Malvino; de José Ariovaldo Pereira Bueno e Olga Maurício Mendonça (antepassada) apresentam a caiumba e seus participantes no município. Essas lembranças são preservadas pela batuqueira e professora Tati Joaquim com apoio do Daniel Moi e outros membros mais antigos da cidade, entre esses, Aparecido Felisbino dos Santos, o Cidão, que é filho da dona Clarice, uma das referências da caiumba na cidade.

O trabalho do pesquisador e luthier de instrumentos de percussão Ivan Bonifácio com o projeto "Terreiros do Tambu", a partir de 2012 sediado originalmente em Rio Claro, tem um impacto importante na preservação da técnica de confecção dos instrumentos da caiumba e na preservação das comunidades batuqueiras, ao promover a entrega de instrumentos para os grupos.

A confecção de tambores demanda tempo e conhecimento. São processos tecnológicos que ligam materialidade e espiritualidade no encantamento deles, algo que em Piracicaba esteve por muito tempo nas mãos do batuqueiro Roberto (antepassado) e seu filho Damião. E em São Paulo houve uma representação dessa arte pelas mãos de Daniel Toledo (antepassado), o Reverendo, com a participação de Vado Pimenta.

O grupo utiliza o nome de Batuque de Umbigada Sete Léguas de Rio Claro.

<u>Rafard, Laranjal Paulista, Barueri e São Paulo</u>

Em Rafard a família do batuqueiro Silvio Celso, o Bom Princípio, a esposa Pasqualina Boaventura de Almeida, a filha Letícia Boaventura e o filho Silvio Boaventura, preserva a tradição da caiumba e sempre se faz presente nos encontros do grupo.

Em Laranjal Paulista o batuqueiro Djalma Laudelino da Silveira Correa, o Djalma, se destaca com belas e emocionantes modas que valorizam a escola dos grandes cantadores da caiumba.

Em Barueri os mestres Aggeo Pires e Benedito Assumpção, originários de Tietê, ambos falecidos, constituíram a comunidade de batuqueiros ainda em atividade.

Em São Paulo também se destaca a herança de batuqueiros do interior paulista, entre eles: Antonio Messias de Campos (antepassado), o Toniquinho batuqueiro; Deolinda Madre (antepassada), a madrinha Eunice; Mário Eziquiel (antepassado), o Tio Mário; Maria Assumpção; Ignês Romão; Rubens Romão e muitos outros que constituíram família na capital, entre esses meu tio Marino Lucas (antepassado) e minha mãe Etelvina Lucas de Paula (antepassada) que foi muito nova para São Paulo, e embora não dançasse conhecia a caiumba, que aprendeu com seus pais, irmãos, primos e tios. Atualmente os amigos Orlando Calixto e Cínthia Gomes, que residem em São Paulo, fazem parte da comunidade batuqueira.

Diálogos da Caiumba

O grupo musical Fulanos de Tal, de Rio Claro-SP, por meio do seu vocalista e fundador Newton Barreto realizou nos anos noventa a gravação do CD Tambor do Congo com participantes da caiumba de Piracicaba e Tietê. Esse material foi pioneiro no interior do estado de São Paulo a ser realizado de forma independente e sem apoio institucional. A partir dessa pesquisa inicial e do interesse pessoal do músico e professor Newton Barreto, surgiram outras parcerias que culminaram com a gravação do CD homônimo do grupo que trouxe a faixa Umbigada como referência para divulgação do material.

Trata-se de uma gravação que revela a capacidade dialógica e de alcance da caiumba, pois o grupo Fulanos de Tal flerta com diferentes gêneros musicais como o pop, o rock e outros; contudo, a proposta era apoiada na pesquisa dos ritmos paulistas do interior do estado, tendo uma atenção especial aos ritmos de matriz africana, como acontece com a caiumba e o samba rural.

Na faixa "umbigada" o saudoso Mestre Plínio toca o tambu acompanhado de outros grandes mestres na matraca e no quinjengue. A princípio alguns dos membros da caiumba, entre eles, este que narra estas histórias, ficaram surpresos com a decisão em gravar o material, pois o convite havia sido feito aos mais novos, na época, eu e Vanderlei Bastos, e, como ficamos apreensivos e duvidosos em concordar em gravar o material, fomos consultar o Mestre Plínio que nos deu uma importante lição ao aceitar de pronto realizar a gravação nos incentivando a participar dos encontros e shows de lançamento do material, salientando o poder de comunicação do batuque.

O Mestre Plínio dizia "que o batuque tem que conversar com o tempo presente" com isso revelava o sentido da tradição que iríamos encontrar com Hampaté Bâ (2010), que afirmava que a tradição não se fecha em um passado remoto. Essa foi uma das conversas que me motivaram a pesquisar no mestrado a relação da educação e a tradição oral, chegando à conclusão de que a tradição oral não pode ser confundida com algum tipo de tradicionalismo que em vez de trazer o passado para o diálogo contemporâneo, o mantém engessado, sem a dinâmica necessária para sua atualização. A caiumba sendo uma herança recebida pelos mais antigos era pautada pela norma da oralidade, e o diálogo precisava ser garantido, o que Mestre Plínio e Hampaté Bâ ensinavam perfeitamente.

Para Hampaté Bâ (2010), por tradição oral se compreende todos os saberes originários atualizados na contemporaneidade. Não há tradição sem atualização, o que significa para Paula Junior (2014) preservar a essência desses conhecimentos, mas em permanente atenção ao que se vive. A tradição é vida e permanece viva, pois está na dinâmica da existência.

O trabalho de pesquisa e registro da Associação Cultural Cachuera, a partir do pesquisador e músico Paulo Dias, é uma referência importante na contribuição para preservação da caiumba e o seu alcance nas mais variadas camadas da sociedade. Com várias horas de entrevistas e registros de encontros em áudio, vídeo e muitas fotos realizadas sempre com tecnologia de qualidade, esse material permitiu a constituição de um acervo impecável ao longo de vários anos de pesquisa. Uma parte desse material editado se transformou no Livro/CD/DVD *Batuque de Umbigada: Tietê, Piracicaba e Capivari-SP* publicado em 2015 com apoio da Petrobrás e Ministério da Cultura. Além desse trabalho específico e de maior expressão, muitos outros foram realizados anteriormente, sempre procurando valorizar a memória dessa tradição afro-paulista.

O grupo de batuque já participou de vários programas de televisão, entre eles, o *Viola minha viola*, apresentado pela cantora e pesquisadora Inezita Barroso (antepassada), minisséries como *Hoje é Dia de Maria*, na TV Globo, telenovelas como *Terra Nostra* e documentários exibidos em canais educativos, entre eles:

- "No repique do tambu" de 2003 com a Associação Cultural Cachuera. Com direção de Paulo Dias e Rubens Xavier,

- "Um canto de força, liberdade e poder", em 2004, para a série Terra Paulista do Itaú Cultural com o diretor Sergio Roizenblit,

- "A primeira boca, a primeira casa: relatos sobre o novo batuque de umbigada" de 2015 com direção de Daniel Fagundes e realização da Associação Cachuera,

- Série Danças Brasileiras, apresentada pelo músico, dançarino e pesquisador Antonio Nóbrega em 2007.

- Participou de outras produções menores para universidades e pesquisadores. Desde o início dos anos dois mil essas produções não pararam mais. Em todas elas tive a honra e a oportunidade de estar presente.

Muitos pesquisadores ligados a universidades públicas e privadas de reconhecida relevância científica têm orientado grupos de pesquisa voltados também ao tema da caiumba paulista. Entre eles, Alberto Ikeda, Maria Ignez Ayala e Claudete Noguera, hoje professora da Unesp de Bauru. O mesmo vale para o músico e pesquisador André Bueno, Renato Ylu, Maria Cristina Troncarelli, Renata Celani e Alexandre Kishimoto, todos com passagem pela Associação Cultural Cachuera.

Destaco o importante trabalho do pesquisador Toninho Macedo na preservação e divulgação das tradições paulistas por meio do Revelando São Paulo e das muitas iniciativas da Abaçaí. E os pesquisadores Edgard Santo Moretti, de Barueri, e o músico Pedro Massa, de Tietê.

No histórico das pesquisas anteriores, salientamos Affonso Dias e Alceu Maynard Araújo que se aproximam da perspectiva dos batuqueiros sobre a caiumba. O pesquisador Cornélio Pires foi outro divulgador das tradições paulistas, entre elas, o batuque.

Esse é um pequeno esboço das ações contemporâneas de preservação da caiumba em sua região de frequência e acontecimento, todas a partir do grupo de tradição em que a herança é transmitida dos mais velhos aos mais jovens em linhagens familiares consanguíneas ou por extensão no acolhimento de outros membros.

Existem alguns grupos de estudos e pesquisa que se desenvolveram junto às instituições culturais e universidades, alguns já mencionadas ao longo do texto, como a Associação Cultural Cachuera e o Abaçaí, que têm atividades junto ao Ballet Folclórico de São Paulo e que estudam e praticam o batuque de umbigada entre outras manifestações, contribuindo, assim, para a sua divulgação.

Matriarcado bantu e a caiumba paulista

É recorrente hoje se pensar a questão de gênero a partir de referencialidades ocidentais, nas quais várias ideias e conceitos sobre o feminismo são pilares. No entanto, é necessário se pensar o feminino na caiumba trazendo também as referências oriundas do próprio universo originário bantu que lhe dá base. Sob esse aspecto é que se deve perceber a caiumba e as suas subjetividades no universo da mulher, e assim estabelecer o diálogo com outras expressões do feminismo.

O matriarcado bantu estabelece toda uma linhagem de ancestralidade pautada na figura da mulher como mãe, educadora, guardiã da família e equilíbrio e harmonia do mundo em sua dimensão micro e macro. Destituir a mulher desse lugar é desconstruir as narrativas próprias da caiumba, assim como tudo o que ela representa junto a essa ancestralidade.

Em sua pesquisa junto ao grupo de batuque de umbigada para desenvolvimento de sua tese de doutorado, a pesquisadora Claudete Nogueira (2009) salienta a relevância dessa educação familiar pautada na mulher e a força delas junto à comunidade da caiumba, o que é constatado também na pesquisa de mestrado em educação de Gloria Cavaggioni (2018).

Quando observamos as mulheres da caiumba, todas mantêm uma altivez e uma beleza que as aproxima de suas ancestrais africanas, muitas delas princesas e rainhas. A imagem do grupo de mulheres exalta a força feminina que resistiu à escravidão e resiste ainda às muitas formas de dominação e exploração.

Foi a força, liderança, sabedoria, organização e condições de sustentabilidade proporcionadas pela mulher negra que possibilitaram as condições de vida para comunidade. As crianças são consideradas na tradição bantu como a morada dos avós. Não existiria a vida sem o ventre fecundo de saberes do universo feminino e a sua capacidade de acolher, cuidar e educar.

Hoje o grupo tem na representação das batuqueiras Anicide de Toledo; Maria Benedita Roque do Prado, a Mariinha; Marta Joana da Silva, a Marta; Thereza de Jesus, Esmeralda e Odete o vigor da sabedoria e da orientação.

Da Mestra Anicide recebemos a beleza do canto e a sapiência para superar os desafios de hoje; da Mariinha, a continuidade da comunicação pelos tambores; da Marta, o diálogo com outras instâncias sociais para colaborar na preservação da

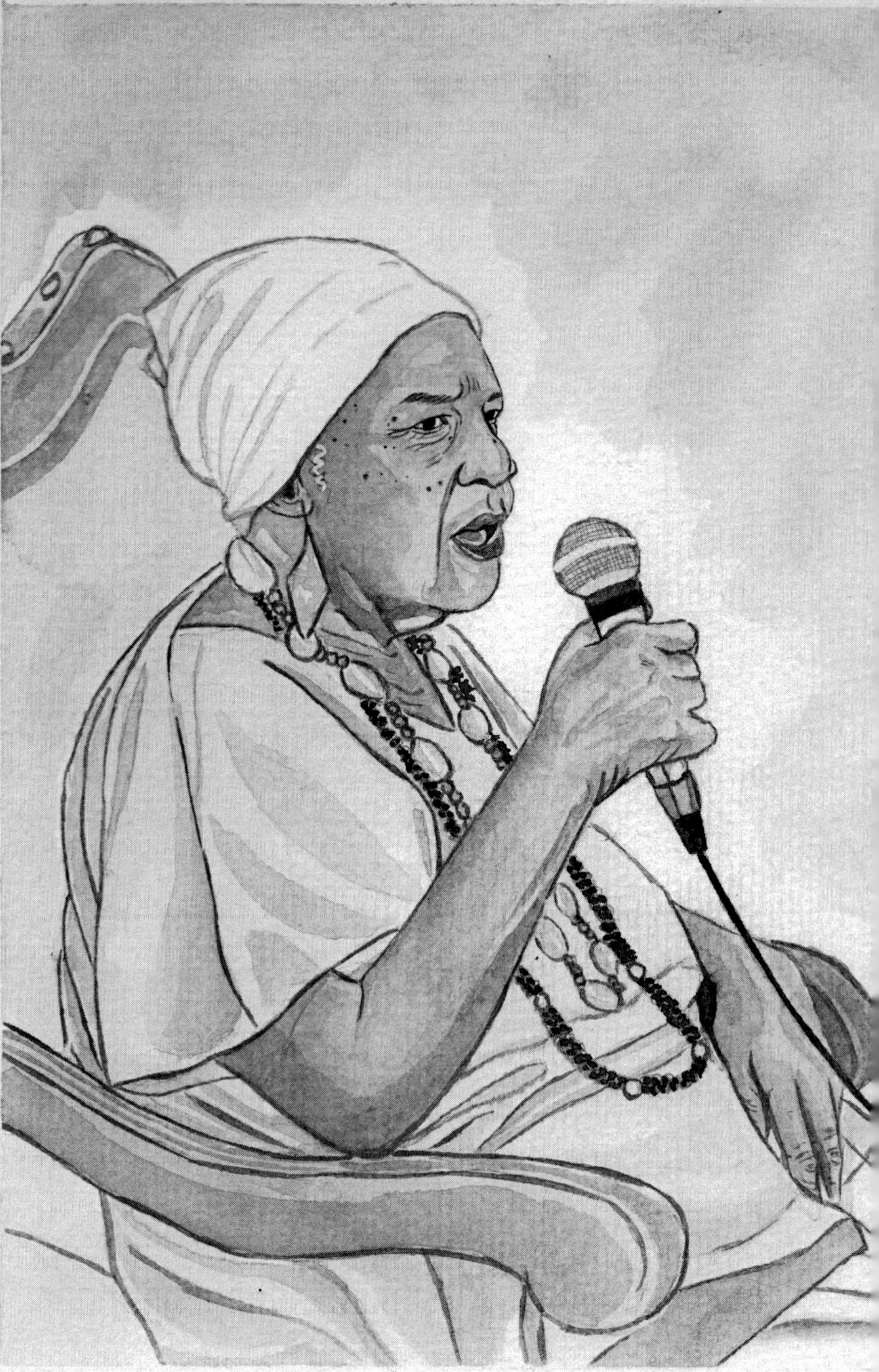

caiumba; da Thereza, o olhar atencioso e a sabedoria de ensinar; da Esmeralda, a energia da vida e o seu valor; e da Dona Odete, a alegria da dança, a festa da vida e o seu encantamento. São elas o alicerce para manter viva a caiumba.

Elas são acompanhadas por um grupo em constante crescimento de jovens mulheres que gradativamente vêm ocupando os espaços de liderança e continuidade da tradição. No universo da caiumba, a mulher tem ocupado funções que eram mais recorrentes entre os homens, entre essas está o canto e o ritmo executado nos instrumentos tradicionais. Durante muito tempo, as mulheres estavam mais concentradas na dança e na elaboração do alimento do batuque, a canja.

Veja o que nos traz o belo relato de Daniela sobre o batuque de umbigada, a sua origem, a presença da mulher, o convívio com o mestre/pai e a transmissão da cultura.

É uma tradição originária da África, trazida ao Brasil pelos escravos nos navios negreiros na época da colonização, da instalação na região do médio Tietê. O batuque de umbigada também é chamado de caiumba ou tambu. É uma dança trazida pelos negros bantu que trabalhavam com cana de açúcar na região do estado de São Paulo. Pra mim o batuque de umbigada é tradição, é respeito, é ancestralidade, é amor, é continuidade, é esperança, é luz, é axé, é força, é gratidão, é luta, porque nós lutamos todos os dias para manter a nossa tradição, para manter a nossa caiumba. Esse legado que a mim foi deixado é uma esperança, é luz. Quando meu pai no seu leito de morte, ele me deixou isso. "Filha você vai continuar com o meu legado" Falei: "nossa, pai! Será que eu consigo? Será que eu posso?" Ele falou: " você pode e você consegue. Você está nessa liderança há 39 anos sem você saber. O pai foi te passando como era. Como agir, como prosseguir". E isso aí me tornou forte, uma mulher forte na liderança do batuque de umbigada da cidade de Tietê no estado de São Paulo. Eu tenho um orgulho muito grande disso, de dar continuidade ao que o Mestre Herculano nos deixou. É uma força, é uma lucidez, é um esclarecimento sobre a nossa existência, pois nós não viemos aqui para ocupar espaço, para ocupar lugar. A gente veio aqui para esclarecer, para ensinar. Mestre Herculano sempre foi muito perseverante nisso. Vamos manter a nossa linha. Vamos manter os nossos ensinamentos, a nossa cultura. Ensinar para os mais novos, para o pessoal que está na caminhada agora, o porquê do batuque de umbigada. Ele (referindo-se ao Mestre Herculano) sempre foi muito simples, muito coerente e de uma mente muito aberta. Acho que de todos os batuqueiros até hoje, o Mestre Herculano foi um dos mais, assim, com a mente mais aberta para os acontecimentos, para algumas mudanças, para alguns acréscimos. (ALMEIDA, 2020)

Nesse momento cita o exemplo da participação das mulheres cantando ou tocando a partir da experiência ao lado do mestre.

A mulher vai cantar? Não mulher não canta. Mas, depois ele falou: "Mulher tem que cantar, mulher tem que dançar, cantar e mulher também toca. Por que não tocar?" É um mestre que eu cresci com ele, vivi com ele, convivi com ele durante 39, 38 anos. Então, eu sempre na parte administrativa, e eu vi tudo isso assim claramente, os ensinamentos dos mais novos. Ah! Para tocar tem que pedir licença aos mais velhos, para dançar tem que pedir licença aos mais velhos, pedir licença ao tambu, pedir licença a quem está tocando, pedir licença aos mais velhos. Na parte da cozinha a Dona Irene Marçal sempre comandava com maestria a nossa canja, a tradição da cultura do batuque de umbigada às duas horas da manhã. Sempre na parte da cozinha liderando lá a nossa canja. Quem tem um mestre, ou dois mestres dentro de casa. Eu sou suspeita em falar, eu sempre fui cobrada por eles para isso. Porque sabiam que a minha estrada era longa. Não era longa, é longa. Passar isso adiante é maravilhoso, é esplêndido. (ALMEIDA, 2020)

E, sobre essa transmissão salienta que:

Nós temos que trabalhar isso como nós já estamos trabalhando com os mais jovens. A gente trabalha isso com apresentações, com histórias. Contar realmente a história do batuque de umbigada. De onde veio, por que veio. Na nossa cidade de Tietê a gente conta a tradição da família, da família Marçal, que sempre buscou e busca novos conhecimentos. Passar para os mais jovens da melhor forma possível como foi, como era desde a época da escravidão até hoje e a gente convive aí, a gente está convivendo, lógico, com a liberdade e a maneira de agregar do Mestre Herculano lá da nossa cidade de Tietê. Vamos cantar novas modas, ele dizia. Vamos aprender as novas modas. E os batuqueiros novos estão chegando? Vamos deixar batucar? Vamos deixar batucar pra ver no que vai dar (risos). E, estamos aí graças a Deus. Então, a gente tem que dar continuidade em respeito a nossa ancestralidade. Aos nossos mais velhos que estão aí hoje. Que a gente deve todo respeito. Mas, trabalhar isso com amor, com lucidez, com respeito, com carinho porque o batuque de umbigada é união. O batuque de umbigada é paixão, é sentimento, é raiz. O batuque de umbigada pra mim é luz. (ALMEIDA, 2020)

É com essas experiências e vivências com as lideranças femininas da caiumba que hoje algumas cientistas pertencentes ao grupo têm realizado pesquisas importantes sobre essas apropriações procurando estabelecer o diálogo entre as heranças matriarcais da caiumba e diferentes linhas do feminismo, sobretudo, o negro. Entre elas, estão Yaísa Miguel (Piracicaba/Rio Claro), Lorena Faria (Capivari) e Cínthia Gomes (São Paulo).

A participação na liderança de grupos locais como em Rio Claro com Tati Joaquim, professora. Em Tietê por meio da Daniela, Karine de Moura Marçal e Giovana Rodrigues; em Capivari com Dona Anicide e Marta; e em Piracicaba com a participação ativa das batuqueiras: Ediana Maria de Arruda, liderança do grupo de samba lenço; da Catarina, filha da Dona Odete; da Andrea, que tem se destacado na nova geração das cantoras do batuque; da Mayra Kristina Camargo, atriz de teatro, cantora, professora e líder comunitária; da Alessandra, ativa na representatividade da mulher negra; Maria Helena, que é fisioterapeuta e professora de capoeira angola e Marcia Maria Antonio, educadora física, capoeirista, professora de dança-afro e ativista comunitária. Todas elas revelam a continuidade da caiumba e a marcante presença da mulher nesse trabalho de preservação.

Muitas simpatizantes fazem parte desse cenário e sempre que possível estão junto ao grupo. A produtora cultural Vanusia Assis, a cantora Rosangela Macedo, a capoeirista e enfermeira Angela Brólio, a musicista Bruna Takeuti, a pesquisadora Vanessa Cancian e a professora Andressa Ugaya são algumas dessas participantes ativas nas festividades do batuque de umbigada que tem o respeito e a admiração do grupo tradicional.

O papel dos velhos na caiumba

Os velhos são os transmissores da cultura, os educadores; a caiumba é fruto da tradição oral e, portanto, está ancorada no padrão da memória dos antigos, nos relatos que passam de geração em geração que garantem a continuidade do grupo. No continente africano, assim como na diáspora, os velhos mantêm o seu papel de sobas, ou seja, mestres educadores atentos ao tempo que habitam.

Para o batuqueiro Vanderlei Bastos, uma das lideranças da caiumba em Piracicaba, o batuque "é o encontro com a história dos nossos antepassados, com a história dos nossos familiares que ainda estão encarnados e a condução dessa história no processo de transmissão para os mais novos. Assim é a condução da história do passado no presente e futuro. E, no momento, no nosso momento presente ela está posta em nossas mãos para preparar para o futuro. Tem sido uma possibilidade de reencontro com essa história e com a nossa espiritualidade e a busca na recodificação, da codificação dessa espiritualidade bantu dentro das nossas tradições. Acredito que nos cabe no momento essa busca em transformar essa espiritualidade nos códigos da contemporaneidade e passar adiante" (BASTOS, 2020).

Em acordo com o que diz Daniela Almeida (2020), sobre a maneira como aprendeu com o Mestre Herculano, o respeito aos mais velhos é fundamental para a continuidade e o aprendizado da caiumba. E como ela salienta a maneira como o Mestre Herculano realizava esse acolhimento dos mais jovens, sempre atento ao momento, ao tempo deles.

Esse é o desafio dos mestres, dos mais velhos na transmissão oral dos saberes em um diálogo que seja compreensível aos mais jovens do seu tempo. Nesse aspecto a preservação sempre é mediada pela educação, o processo pelo qual se dá a transmissão, tal como já salienta Robert Campos (2020) e Thomas Bastos (2020). Para Vanderlei a preservação da caiumba é possível "através desses levantamentos históricos" (BASTOS, 2020). E da sua recodificação para a atualidade. No entanto, salienta que "é importante para a linguagem atual, sem que com isso percamos a nossa essência, esse é o grande desafio que a gente tem na contemporaneidade" (BASTOS, 2020).

A importância e o respeito aos mais velhos são percebidos desde o início dos encontros, das festas, pois são eles que iniciam tocando e cantando e, dessa forma, saúdam os presentes e revigoram a presença dos ancestrais do mundo espiritual no plano físico.

A magia da caiumba é possível por esses saberes que são reencantados no presente dos encontros e acessados por vias divergentes da racionalidade lógica e mecânica ao qual o Ocidente aprendeu a guiar os seus padrões de existência. São outras lógicas possíveis à percepção, que remetem ao universo de saberes mais remotos dos bantu desde África. São conhecimentos que entrelaçam e conectam a plenitude das redes dos seres e das forças do universo. Desse modo, a energia da terra, da água, do ar e do fogo materializam para sensação a sutileza do que outrora não era "visto".

Essas são as epistemologias que Paula Junior (2019) indica ao descrever as possibilidades de conhecimento inerentes ao universo da caiumba. São aprendizados "no pé do tambu" observando, ouvindo e acompanhando os mais velhos. O Mestre Romário (2015) de Capivari diz de como aprendeu a tocar tambu observando o seu pai, acompanhando e praticando com os mais velhos.

Do mesmo modo, tive o meu aprendizado observando e ouvindo o Mestre Plínio em seus modos e performances antes, durante e depois dos encontros. Ele é o meu iniciador na caiumba, o meu mestre. Por meio desse contato direto, pude receber a orientação de muitos outros mestres e mestras que me acolheram na escola da tradição, o que me honra muito, pois pude revigorar a cultura que portava por herança materna.

Os cumbas, os mestres da magia, celebram na dança-rito da caiumba o equilíbrio e a harmonia do universo, conduzindo a lembrança da complementação entre céu e terra, masculino e feminino em uma integração que permite a vida em sua plenitude, em sua graça e beleza. A materialidade e a espiritualidade são distintas, mas complementares e integradas, têm dimensões próprias, mas canais de aproximação. Os velhos, não apenas pela idade cronológica, são os detentores desses saberes e dos modos como tudo se realiza. No seu olhar existe a proximidade e o acolhimento, mas também o mistério do que é segregado por cuidado, por saberem, cada um a seu modo, quando e como se poderá dizer algo para alguém.

Como muitas tradições de origem africana e afro-brasileira, a caiumba tem os seus princípios iniciáticos e a ritualística que os envolve. A caiumba guarda elementos de conhecimento profundo que remetem às memórias ancestrais e a uma cosmogonia integrativa que desafia os interesses comuns de compreensão da existência, que persistem nas formas da dominação e do controle, base na qual ainda são formadas gerações no mundo do capital.

Tal perspectiva difusa remete à ilusão da apropriação, inclusive da cultura, na fantasiosa perspectiva da propriedade. Não há propriedade possível em um patrimônio humano ancestral, o que existe é a apropriação de fragmentos que não podem mais ser conectados. Penso aqui uma das possibilidades da apropriação ligada à perspectiva da dominação, algo evidenciado no processo colonial e escravista.

Nessa perspectiva se tem a ideia de que seja possível possuir, tomar para si o que é constituição civilizatória ancestral do outro. O que se apropria são apenas elementos fragmentados de uma estética complexa.

Os velhos mestres de diferentes tradições de matriz africana sempre ensinaram isso, sendo esse o motivo pelo qual muitas das culturas afro-brasileiras não foram destruídas, mesmo que muitas delas sofram hoje um processo de aparente dominação por pessoas ou grupos nitidamente alienígenas a elas, alterando formas e comportamentos em dissonância com os costumes historicamente construídos.

Muitas vezes esses processos são intensificados e provocados por interesses particulares que estão distantes das reais necessidades coletivas. A integração do outro ao quilombo não significa a perda do sentido do quilombo, ou seja, a tentativa de apropriação do quilombo e seus saberes.

Entre os vários desafios que existem na preservação da caiumba está a valorização dos mais velhos. Deve-se ter atenção na manutenção das possibilidades de transmissão de saberes aos mais jovens.

Os desafios implicam ações internas e externas que possam auxiliar nesse processo, entre elas, as políticas de financiamento de projetos, sejam eles na esfera privada ou pública. O poder público ao reconhecer e valorizar essas práticas pode estabelecer metas para educação, cultura e desenvolvimento social a partir da preservação do patrimônio material e imaterial que representam.

Dessa forma, os municípios de permanência da caiumba ganham em sentido e significado histórico que pode ampliar o papel das cidades em diferentes instâncias, entre elas, o turismo cultural.

Existem muitas possibilidades de se otimizar essa valorização, mas todas passam pela desconstrução do racismo estrutural, muitas vezes institucional, que ainda impera em alguns lugares. A moda da Mestra Anicide de Toledo lembrada por Robert Campos (2020) revela esse aspecto do racismo.

O obscurantismo que impera com base no eurocentrismo tende a privilegiar o modelo civilizatório ocidental que afirma a colonização epistêmica. São maneiras excludentes de pensar que se assentam em lugares de poder. Para a filósofa e ativista brasileira Sueli Carneiro (2005) é o epistemicídio, o assassinato dos saberes pela desconstrução do outro.

Os saberes são possíveis somente na medida em que outras maneiras de ser e estar ancoradas em experiências históricas de civilização estejam mais perceptíveis ao aprendizado em comum, ou seja, que as alteridades existentes em suas diversas formas de ser sejam conhecidas e reconhecidas. Esse é o caminho para se constituir uma comunidade ampliada com menor risco de erros. As experiências locais, de comunidades menores, são recursos para o diálogo global sobre a vida.

Na tradição da caiumba aprendemos a ser com o outro, um princípio expresso no ubuntu e que os nossos velhos continuam ensinando. O comunitarismo é uma escola de formação por meio do exercício coletivo, das práticas conjuntas que aproximam diferenças que se completam, algo que Thomas Bastos (2020) enfatiza em sua aproximação ao universo da caiumba quando se refere à ideia de família e escola formativa.

De acordo com o filósofo moçambicano José Castiano (2015), o ubuntuísmo é um valor necessário para a sociedade atual, pois ensina que tudo e todos estão conectados, não há vida fora dessa trama de energias e representações que nos apresentam imagens que remetem à unidade energética primordial, fonte de tudo que é e está. É a origem do ntu = ser, o humano é um desses seres, o muntu = pessoa e bantu = pessoas. A própria grafia do nome desse macro grupo étnico é de uma filosofia profunda que remete ao ubuntu, a junção de duas palavras ubu e ntu que têm o sentido de ser - sendo.

A caiumba é uma nobre herdeira desses saberes transmitidos pelos velhos, por isso, como diz Hampaté Bâ (2010) ao reproduzir um dito que aparece em várias etnias africanas, "quando um velho morre é como se uma biblioteca fosse queimada". Os nossos velhos são arquivos vivos da memória ancestral.

Aos velhos cabe ensinar esse cuidado aos mais novos, garantir que esses compreendam ao longo da vida as suas responsabilidades diante de algo que herdaram e é mantido há séculos no Brasil, mas há milênios quando pensamos em sua origem africana. Aos jovens cabe ouvir, aprender, sentir e perceber no devido tempo o que eles ensinam, muitas vezes não por palavras, mas por gestos, por silêncios, por distâncias, aproximações, risos, lágrimas e quietudes. Essa é a tradição oral em sua complexidade e abrangência.

Considerações finais

Espero que este capítulo possa contribuir na aproximação e interesse sobre a caiumba, forma de resistência afro-brasileira que se preserva até hoje. Com isso, que seja valorizada a relevância em se estudar essas narrativas em solo paulista, demonstrando o quanto ainda é necessário se evidenciar, também no campo da cultura, o sentido mais profundo dessas práticas.

Existe um universo de percepções a serem colocadas ao alcance das pessoas e que revelam outras possibilidades de organização social com vistas à elaboração de uma vida comunitária e com oportunidades, direitos e deveres iguais para todos, e que para alcançar esse êxito parte exatamente da diferença que nos constitui enquanto seres existenciais, cuja presença individual precisa e deve estar disponível para o outro, para ser com o outro, complementando, contribuindo e colaborando para o todo.

Em um momento de profundas e agudas mudanças sociais fica cada vez mais explícita a separação dos seres humanos, os absurdos de abandono social e miséria destinada para muitos em detrimento da condição privilegiada de poucos. Estamos em um momento em que uma epidemia escancara o que sempre foi dito da doença moral e ética que aflige a atual civilização que se formou a partir do escravismo, da colonização e do capital. O império da morte revela suas garras sobre os seus construtores, sem deixar ilesos aqueles que sempre foram vítimas de processos de exploração e abandono. A Covid-19 não faz distinção, mas recai de forma mais violenta sobre aqueles que estão alijados há muito tempo das condições basilares da vida.

A caiumba ensina a ser com o outro, a harmonizar a vida, a buscar o equilíbrio e manter a integralidade de nossas ações no coletivo humano. Estabelece aos seus praticantes valores éticos necessários em uma sociedade carente de percepções que ultrapassem as limitações do absoluto autocentrado que impede qualquer percepção do outro.

A caiumba é uma dança-rito que ensina o equilíbrio e a harmonia na diferença que se completa e gera vida. A singeleza dos locais em que acontece a dança, como o quintal da Marta em Capivari, a espontaneidade dos seus participantes e o acolhimento para todos demonstra que para ser e estar feliz não se precisa de muita coisa, apenas daquilo que é primordial à vida, o cuidado, o carinho e atenção de uns para os outros. Essas são as motivações do projeto Casa de Batuqueiro e de outros que surgem na busca de sempre reencantar a vida pela própria vida.

A caiumba ensina esses valores ancestrais para qualquer um que dela se aproxime, e isso é o que importa, sendo essa a principal iniciação que marca a retomada do ser sobre si, mas com o outro. Desse modo, o sentido de vida é reaprendido deixando de lado as futilidades perigosas e destrutivas que querem que acreditemos serem primordiais.

Nguzo Ubuntu!

Bibliografia e Entrevistas

ALMEIDA, Daniela Aparecida de Souza. O que é batuque de umbigada e a sua transmissão? Depoimento concedido para Antonio Filogenio de Paula Junior via whatsapp em 18. mai. 2020.

ARRUDA, Domingos. Dança de umbigada. In: Batuque de umbigada: Tietê, Piracicaba e Capivari-SP. Organização: André Paula Bueno, Maria Cristina Troncarelli, Paulo Dias; coautores: Comunidade do Batuque de Umbigada de Tietê, Piracicaba e Capivari-SP. São Paulo: Associação Cultural Cachuera!, 2015.

ASSUMPÇÃO, Benedito. Terreiros do batuque em Tietê. In: Batuque de umbigada: Tietê, Piracicaba e Capivari-SP. Organização: André Paula Bueno, Maria Cristina Troncarelli, Paulo Dias; coautores: Comunidade do Batuque de Umbigada de Tietê, Piracicaba e Capivari-SP. São Paulo: Associação Cultural Cachuera!, 2015.

BASTOS, Thomas da Costa. O que é batuque de umbigada e a sua transmissão? Depoimento concedido para Antonio Filogenio de Paula Junior via whatsapp em 18. mai. 2020.

BASTOS, Vanderlei Benedito. *Dandara*. Piracicaba: Fundo de Apoio à cultura municipal. Editora e Gráfica Rio Pedrense, 2012.

BASTOS, Vanderlei Benedito. O que é batuque de umbigada e a sua transmissão? Depoimento concedido para Antonio Filogenio de Paula Junior via whatsapp em 16. mai. 2020.

CAMPOS, Robert. O que é batuque de umbigada e a sua transmissão? Depoimento concedido para Antonio Filogenio de Paula Junior via whatsapp em 16. mai. de 2020.

CASTIANO, José. *Filosofia africana: da sagacidade à intersubjetividade*. Maputo: Editora Educar, 2015.

CAXIAS, Romário. Dança de umbigada. In: Batuque de umbigada: Tietê, Piracicaba e Capivari-SP. Organização: André Paula Bueno, Maria Cristina Troncarelli, Paulo Dias; coautores: Comunidade do Batuque de Umbigada de Tietê, Piracicaba e Capivari-SP. São Paulo: Associação Cultural Cachuera!, 2015.

CAVAGGIONI, Gloria Bonilha. Batuque de umbigada: memória e práxis de resistência. Dissertação de mestrado em educação. PPGE-Unimep. Piracicaba, 2018.

FU KIAU, Kimbwandende Kia Bunseki. *African Cosmology of the bantu-Kongo: principles of life and living*. 2ed. Nova York: Athelia Henrietta Press, 2001.

GAMA, Luiz. *Primeiras trovas burlescas e outros poemas*. Edição preparada por Ligia Fonseca Ferreira. São Paulo: Martins Fontes, 2000.

HAMPATÉ BÂ, Amadou. Tradição viva. In: *História Geral da África*. V. 1. ZERBO, Joseph Ki. (Org). Brasília: MEC/Unesco; Universidade Federal de São Carlos, 2010.

HEYWOOD, Linda. *Diáspora negra no Brasil*. São Paulo: Contexto, 2010.

TEMPELS. Placide. Bantu Philsophy. Paris: Présence Africaine, 1959.

MARTINS, Leda Maria. "Performances da oralitura: corpo, lugar da memória". Revista Letras do Programa de Pós-Graduação em Letras da Universidade Federal de Santa Maria. n. 26, ano 2003, pp.63-81.

MALANDRINO, Brígida Carla. "Há sempre confiança de se estar ligado a alguém: dimensões utópicas das expressões da religiosidade bantu no Brasil". Tese de doutorado em Ciências da Religião. PUC-SP. São Paulo, 2010.

MONTEIRO, Noedi. Campos do Araraquara e quilombo do Corumbatahy: extremos da capitania de São Paulo à expansão oeste Brasil-Colônia (1700-1804). Revista do Instituto Histórico e Geográfico de Piracicaba. Piracicaba-SP, ano 26, n.24, 2018. pp. 187-218.

MUNANGA, Kabengele. "Origem e história do quilombo na África". Revista USP, ed. 28, São Paulo-SP, Dez/Fev. 1995/1996. pp.56-63.

MUNANGA, Kabengele. *Origens africanas do Brasil contemporâneo: histórias, línguas, culturas e civilizações*. São Paulo: Global, 2009.

NASCIMENTO, Abdias. "Quilombismo: um conceito emergente do processo histórico-cultural da população afro-brasileira". In: NASCIMENTO, Elisa Larkin. *Afrocentricidade: uma abordagem epistemológica inovadora*. São Paulo: Selo Negro, 2009.

NOGUEIRA, Claudete de Souza Nogueira. "Batuque de umbigada paulista: memória familiar e educação não formal no âmbito da cultura afro-brasileira". Tese de doutorado em Educação. PPGE- Unicamp, Campinas, 2009.

PAULA JUNIOR, Antonio Filogenio de. "Educação e oralidade no oeste africano pela representação de Amadou Hampaté Bâ". Dissertação de mestrado em educação. PPGE-UNIMEP, Piracicaba, 2014.

PAULA JUNIOR, Antonio Filogenio de. "Filosofia afro-brasileira: epistemologia, cultura e educação na caiumba paulista". Tese de doutorado em Educação. PPGE-UNIMEP, Piracicaba, 2019.

PAULA JUNIOR, Antonio Filogenio de. "A caiumba: ética e estética bantu no oeste paulista". Artefilosofia. Revista do Programa de Pós-Graduação em Filosofia da UFOP, v. 15, n. 28, abril de 2020. pp. 46-65.

PAULA JUNIOR, Antonio Filogenio de. Umbigo: a primeira boca. In: Batuque de umbigada: Tietê, Piracicaba e Capivari-SP. Organização: André Paula Bueno, Maria Cristina Troncarelli, Paulo Dias; coautores: Comunidade do Batuque de Umbigada de Tietê, Piracicaba e Capivari-SP. São Paulo: Associação Cultural Cachuera!, 2015.

PAULA JUNIOR, Antonio Filogenio; MIGUEL, Yaísa Domingas de Carvalho. Território ancestral no terreiro da caiumba: sacralidade e espiritualidade bantu no oeste paulista. In: Anais do XIII Encontro Nacional de Pós-Graduação em Geografia - ENANPEGE. São Paulo-SP, 2019.

SODRÉ, Muniz. *Samba, o dono do corpo*. 2ed. Rio de Janeiro: Mauad, 1998.

THORTON, John. Religião e vida cerimonial no Congo e áreas umbundo de 1500 a 1700. In: HEYWOOD, Linda. Diáspora negra no Brasil. São Paulo: Contexto, 2010.

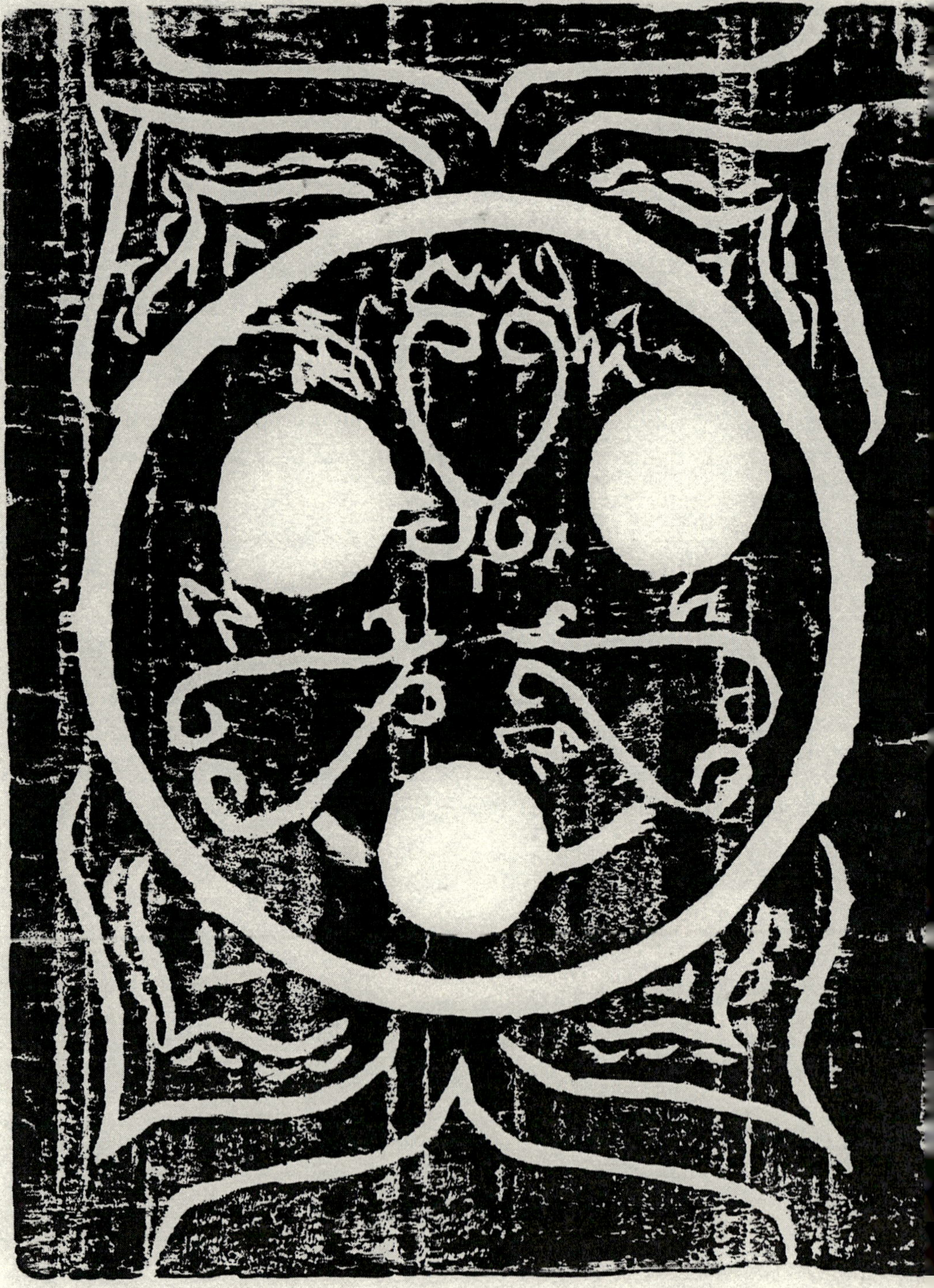

O JONGO

Alessandra Ribeiro

Introdução

> *O danda abre a roda, oh danda abre a roda*
> *Quem foi que disse, quem te falô que em Campinas não havia jongueiro.*
> *Quem foi que disse quem te falô que em Campinas não havia jongueiro*
> *Quem foi que disse que te falô que em Campinas não havia jongueiro*
> *Cachuera!*

Para conhecer um pouco sobre a prática e continuidade do jongo nas várias comunidades jongueiras da região sudeste, é necessário ter sempre em mente que o jongo é uma forma de re-existência. Representa para nós, detentores e/ou praticantes, algo que nos organiza no mundo e nos traz o sentimento de pertencimento. Ser jongueiro faz parte da nossa construção social e coletiva – é uma herança, uma marca, uma identidade.

O jongo se faz em roda, mas é maior que a roda, que a dança, que um toque contagiante. Nossos tambores ecoam a história de luta do povo preto no Brasil e a memória de ancestrais que enraizaram nesta terra riquezas culturais perenes, que mantêm as nossas almas vivas.

Entrar em uma roda de jongo é ser curado, reanimado, é dar sequência a algo anterior a nós e que depende de nossa transmissão para que continue. Essa transmissão é cotidiana: está nas brincadeiras, nas conversas e na forma de conceber tudo que está a nossa volta. A roda é a nossa vida fluindo.

Jongamos como forma de reivindicação, como reafirmação de nossa fé, por questionamentos diários, pela defesa de nossos direitos, como forma de mobilização em rede e como estratégia de denúncia às opressões, às quais nós, negros/as, somos submetidos no nosso dia a dia pelo racismo estrutural. Jongar nos alimenta de esperança e nos fortalece para seguirmos, pois, jongando, lembramos que nossos antepassados resistiram e re-existem.

Importante ressaltar que escrevo em plena pandemia da Covid-19, em um contexto de intenso debate sobre o direito à vida, em que os governos detêm o poder de "fazer viver" e "deixar morrer". São de diversas ordens os efeitos colaterais desta crise sanitária e muitos deles fazem arder feridas coloniais.

Nesta conjuntura, eu, Alessandra Ribeiro, mulher, preta e jongueira, "consigo respirar". Esse fôlego vem dos gritos "vidas negras importam"; da força da minha ancestralidade, que me constituiu como liderança e mestra da Comunidade Jongo Dito Ribeiro; da minha formação acadêmica como historiadora e doutora urbanista; da minha vivência profissional como articuladora e parceira do IPHAN (Instituto do Patrimônio Histórico e Artístico Nacional) na defesa do Patrimônio Cultural Imaterial; da minha experiência como integrante da rede nacional dos Pontos de Cultura.

Foram essas encruzilhadas que me conduziram à pré-candidatura para o cargo executivo de prefeita de Campinas, um dos mais populosos municípios do estado de São Paulo. Minha trajetória de diálogo com o povo e com as lideranças populares atesta meu compromisso com a cultura negra e seus produtores/mantenedores, me motiva a ocupar um território de acesso blindado, sobretudo, para mulheres pretas. Me faço presente, em nome de Marielle Franco. Em saudação aos meus mais velhos, que me ensinaram que ser jongueira é uma forma de existir e se fazer existir.

Neste registro, apresentarei o Jongo, também conhecido como Caxambu, a partir dos elementos que lhe dão vida, sem desconsiderar a diversidade das práticas em cada comunidade. Ao longo do texto, evidenciarei a construção coletiva dessa manifestação cultural através dos Encontros de Jongueiros, fundamentais para a construção de nossos nós, de uma rede consistente de articulações para a salvaguarda efetiva do Patrimônio Cultural Imaterial Nacional que encarnamos. Assim como abordarei os desafios derivados do processo de institucionalização desse bem. Por fim, "abrirei a roda" para outras comunidades contribuírem na composição desta narrativa sobre o batuque paulista que compassa nosso coração.

Cachuera!

O Jongo/Caxambu do Sudeste

O jongo veio da senzala, é um lamento, era uma dança de chamada dos orixás, que cantava para os orixás e ao mesmo tempo eles faziam a magia deles na roda de jongo combatendo o próprio senhor pra se ver livre do sofrimento. Então, neles chamar os orixás Xangô que é um orixá de justiça se torna um lado do jongo que entra num lado espiritual sobre a umbanda, sobre o candomblé e mistura tudo. Então, por isso que penetra bastante o lado espiritual. E foi daí que surgiu, do afro, do africano, na senzala que surgiu é... o lado espiritual aonde os orixás começaram a encontrar caminho pra se manifestar na umbanda. Porque naquela época eles não tinham tanto cavalo para incorporação e foi a partir desse espaço que começaram a se expandir também e daí é que veio e começou a surgir o jongo, a umbanda, essa coisa toda. Jongueiro de Tamandaré na pesquisa de PENTEADO, Wilson Rogério, Jr. – Jongueiros do Tamandaré – Um estudo antropológico da prática do jongo no Vale do Paraíba Paulista (Guaratinguetá/SP) – UNICAMP, 2004.

A prática do jongo consiste em uma manifestação cultural sustentada por três elementos essenciais que variam em cada comunidade jongueira: os pontos cantados, os toques, os tambores e as danças.

São os pontos que concentram todos os saberes do jongo. Ao misturar metáforas e dialetos de influência do tronco linguístico bantu, os pontos possibilitaram a comunicação entre os negros escravizados por meio de uma linguagem enigmática para o Sinhô. Essa expressão de origem mista persiste nos dias atuais, recebendo influências das novas gerações, de suas questões e de seus assuntos cotidianos.

Durante a prática do jongo, os pontos se sucedem de forma encadeada, sendo a roda sempre aberta pelos jongueiros mais velhos, pelo toque dos tambores e do ponto de abertura.

Os tambores, em algumas comunidades, são fabricados de modo artesanal e carregam em si um grande significado de vínculo com os ancestrais. Cada comunidade tem seu toque, que traz símbolos e sentidos para além do compasso rítmico.

A dança, além de animar as rodas de jongo, torna-se um desafio à parte entre o casal que dança no centro da roda. Em geral, um outro dançarino/a pode entrar na roda e "sapecar ioiô, ou iaiá" (como dizemos em nossa comunidade), tirando um

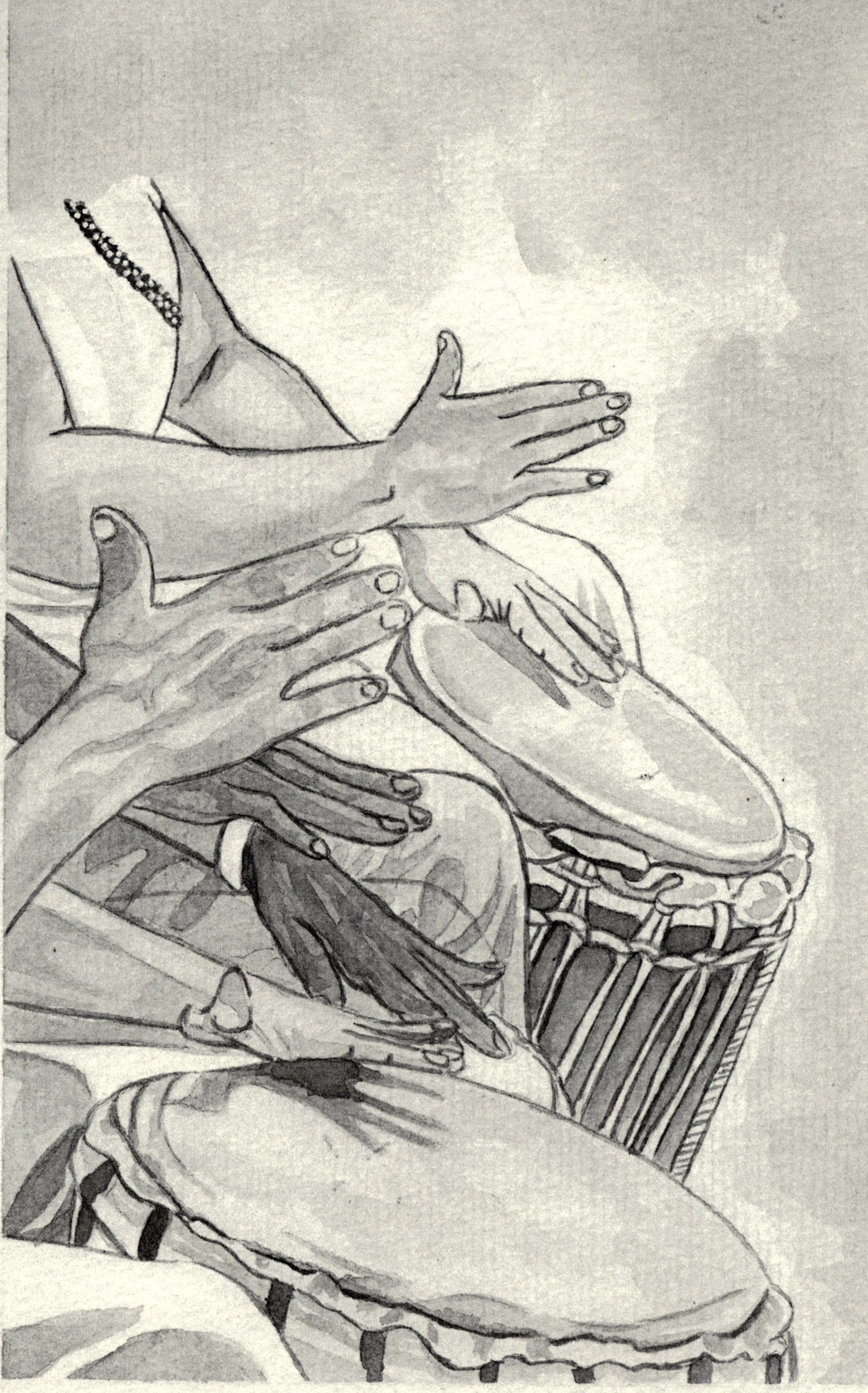

integrante do par para formar um "novo casal". Deste modo a dupla que jonga no centro sempre se renova. Roda que segue! Mas essa dinâmica é diferente em cada comunidade jongueira, porque no jongo cada comunidade tem sua marca, seu modo de jongar, sua identidade.

O Jongo foi reconhecido como Patrimônio Cultural Imaterial do Brasil, registrado no Livro Formas de Expressão pelo Instituto de Patrimônio Histórico e Artístico Nacional (IPHAN) em 2005, como Jongo do Sudeste.

Recebeu esse reconhecimento sendo o primeiro bem registrado de dimensão regional, já que temos comunidades jongueiras dispersas e em atividade até hoje, nos estados de Minas Gerais, São Paulo, Espírito Santo e Rio de Janeiro, tendo nesses dois últimos estados a maior concentração das comunidades.

Considerado por muitos jongueiros e pesquisadores como o "pai do samba", o jongo ganhou relevo a partir da aproximação das comunidades jongueiras entre si, tendo desse modo dimensão de sua extensão e prática cultural. A chegada de outros atores sociais potencializou essa aproximação e a mobilização das comunidades para o desenvolvimento de ações conjuntas para nossas lutas comuns.

As principais ações propulsoras dessa consciência de conjunto foram: a implementação dos Encontros de Jongueiros realizados anualmente dentro das várias comunidades, projeto que ganhou abrangência regional (Sudeste); a construção da Rede de Memória do Jongo, mais focalizada no estado do Rio de janeiro, mas que acolheu comunidades de outros territórios.

A tessitura dessa rede entre jongueiros permitiu que os mestres e mestras de diferentes comunidades se conhecessem. Eles sempre acreditaram que "um tatu cheira o outro" – por isso os Encontros foram e ainda são, muito importantes, porém vencer a extensão territorial não foi uma demanda fácil nesse processo de aproximação, os deslocamentos sempre foram um dos maiores desafios permanentes para os encontros entre as várias comunidades existentes.

Encontros de Jongueiros do Sudeste - Breve histórico e ações relevantes

A partir dos Encontros de Jongueiros, a rede jongueira foi se consolidando, ganhando novos atores e firmando laços entre as comunidades da região sudeste.

Nesse tópico, evidenciarei os Encontros de Jongueiros mais significativos para a formação de uma trama de articulação entre diferentes comunidades da região sudeste, colocando em relevo ações que viabilizaram a construção coletiva de políticas públicas para a salvaguarda do Jongo como Patrimônio Cultural Imaterial do Brasil.

O Primeiro Encontro (1996), realizado no Campelo, noroeste do estado do Rio de Janeiro – onde grupos de predominância negra praticam o Jongo e outras manifestações negras, como o Mineiro-Pau e a Folia de Reis – foi mobilizado pela morte de D. Sebastiana II, jongueira velha respeitada na região. A passagem de uma guardiã da tradição do jongo despertou a necessidade de um encontro entre as comunidades locais, que se articularam e concretizaram a reunião com a colaboração do professor Hélio M. de Castro. Afinal, "tem que ter jongueiro novo o lê lê, porque o jongo não pode acabar, cada jongueiro novo que nasce o lê lê, é o sol pronto para raiar" (ponto da Comunidade Jongo Dito Ribeiro).

A Universidade Federal Fluminense (UFF), teve grande participação na construção dos Encontros, intermediada pelo musicista e professor Hélio, docente das disciplinas de filosofia e geografia na unidade de Santo Antônio de Pádua, no Rio de Janeiro. A aproximação do professor com os jongueiros cariocas, motivada pela sua atuação como músico, o transformou em pesquisador e fomentador da cultura jongueira.

Foram as articulações com a Universidade Federal Fluminense que viabilizaram o Quinto Encontro (2000), que aconteceu em Angra dos Reis (RJ) – cidade com presença jongueira que abriga um campus da UFF. A importância desse encontro deve-se à criação da primeira mesa de debate sobre temas caros aos jongueiros (território, políticas públicas, diversidade étnica, religiosa, de gênero, dentre outros). As mesas se consolidaram nos encontros como espaços para a formação jongueira, sendo fundamentais para a compreensão de nossos direitos civis, uma vez que "nos deram cama, mas não nos deram cadeira".

Nessa ocasião as comunidades concluíram que "sapo de fora chia", ou seja, percebemos que nossas demandas eram vistas pelos governos municipais, apenas quando profissionais vinculados a instituições "oficiais" (normalmente brancos) agiam como facilitadores. Além disso, as comunidades dialogaram sobre o fato de as prefeituras das cidades só começarem a nos ouvir e nos dar algum retorno, quando aprenderam a usar nossa existência de modo utilitário, promovendo o jongo em forma de espetáculo para seus palanques, desconsiderando os sentidos mais profundos dessa prática.

Nos primeiros cinco encontros, fomos amarrando nossos pontos e firmando nossas demandas centrais. Uma delas deu mote para o Sexto Encontro (2001), em Valença (RJ): a reivindicação pelos territórios pretos. Esse encontro deu visibilidade, especificamente, à luta política dos jongueiros quilombolas de São José da Serra (RJ) pela posse de terra – que durou dez anos e foi vitoriosa somente em 2015.

Nesse encontro foi lançado o Manifesto dos Jongueiros a favor da desapropriação dos antigos "donos" da terra. Essa mobilização coletiva provou a força dos Encontros para o estabelecimento de uma rede de apoio interna e autônoma, "eu com meu tambu na mão, sinhozinho não me toca!". Paralelamente se comemorou o centenário da jongueira Clementina de Jesus, nascida no município que sediou o evento.

As atividades da rede jongueira se ramificaram ainda mais no Oitavo Encontro (2003). Pela primeira vez o evento foi realizado no estado de São Paulo, na cidade de Guaratinguetá – território dos padrinhos da Comunidade Jongo Dito Ribeiro, inserida na família jongueira nesse ano.

A participação da comunidade de Lagoinha (SP) no Oitavo Encontro, ampliou e enriqueceu as trocas de saberes entre jongueiros diante de suas peculiaridades: ser uma comunidade jongueira, na qual seus praticantes são em maioria não negros, caipiras, violeiros; e ter uma dança de jongo em que os homens e as mulheres circulam e cantam em torno dos tambus. Bem diferente das demais comunidades, mas tão encantador quanto!

Neste ano, tivemos o apoio da Associação Cultural Cachuera, um grupo de pesquisa sobre manifestações culturais do interior de São Paulo. Detentora de um dos maiores acervos audiovisuais com tema "batuques" do Estado, contribuiu para que várias comunidades jongueiras acessassem tecnologias de gravação e filmagem, permitindo a difusão da memória do jongo em diversas mídias e a produção de material para elaboração de projetos culturais.

O Nono Encontro (2004), sucedido na Fundição Progresso no centro da capital fluminense (RJ), evidenciou o processo de federalização do Jongo do Sudeste. Financiado pela maior estatal Brasileira, a Petrobrás, foi realizado no período de conclusão do Dossiê que antecede o reconhecimento jurídico do Jongo como Patrimônio Imaterial Nacional pelo Estado.

Os jongueiros ali reunidos, embora reconhecessem a instrumentalidade dos financiamentos privados e da patrimonialização do Jongo para a concretização de ações de preservação visando a melhorias para as comunidades, passaram a refletir sobre os desdobramentos possíveis da tutela do Estado e das empresas sobre o patrimônio que detêm. Nesse momento o jongo estava em destaque no cenário cultural brasileiro, isso atraiu olhares e algumas boas intenções de agentes externos, que, no primeiro vento, esfarelaram.

A nossa comunidade, Jongo Dito Ribeiro (Campinas–SP), esteve presente nesse momento importante de discernimento. As pautas levantadas no evento evidenciaram o quanto as comunidades estavam atentas às mudanças em curso, principalmente por consequência dos apoios e patrocínios, que, se por um lado nos encantavam (com recursos e visibilidade), por outro lado nos preocupavam. Afinal, não queríamos nos tornar comunidades "ingênuas ou desatentas" no que se referia às decisões e encaminhamentos que envolviam o nosso patrimônio.

Diante disso, realizamos durante o evento uma reunião dedicada à criação de alguns limites para a participação e intervenção dos agentes culturais, parceiros, associações e intelectuais nas decisões de lideranças jongueiras. Também nos dedicamos a traçar estratégias para inserir novas comunidades aos Encontros de Jongueiros e ampliar nossa rede de representatividade.

Aos pés da Oxum, na beira do rio Pomba o Décimo Encontro (Santo Antônio de Pádua, 2005) prestou homenagem ao Prof. Hélio Machado de Castro, figura chave na abertura de caminhos para obtenção de recursos e estruturas que alicerçaram a história dos Encontros de Jongueiros. O professor, que estava adoecido naquele momento, viria a falecer no mesmo ano.

Ciclos se renovavam em 2005 no Décimo Encontro, quando recebemos a Titulação de Patrimônio Cultural Imaterial pelas mãos de membros do IPHAN – que justificaram a ausência dos nomes de algumas comunidades nos Relatórios de Registro e no Dossiê (devido à extensão territorial da nossa expressão cultural), atestando que a Titulação incluía todos os detentores do Bem. Esse reconhecimento institucional, ainda que tardio, é fruto das nossas ações enquanto produtores e protagonistas da cultura brasileira desde os tempos de Zumbi.

Esses dias de umbigada foram muito especiais, principalmente para as comunidades mais novas, que naquele momento foram publicamente recebidas e abençoadas pelas mais velhas: Carangola (RJ), Quissamã (RJ), Campos (RJ), Porciúncula

(RJ) e nós, a Comunidade Jongo Dito Ribeiro, de Campinas (SP). O "milho virou pipoca na Fazenda Roseiral(...)"!

Memórias deste evento foram gravadas em um Livro–CD patrocinado pela Natura e podem ser acessadas no vídeo-documentário "Décimo Encontro de Jongueiros", disponível na internet. Mas os sentimentos proporcionados por esse Encontro não são capturáveis. Para nós, os encontros têm uma dimensão simbólica, são como ritos, batizados... Neles, as lideranças jongueiras e nossos mestres/as são evidenciados, saravados, reverenciados por seus feitos à frente de suas comunidades, que são enfim reconhecidas como parte da família Jongo do Sudeste.

Dois anos depois da patrimonialização do jongo, não houve encontro. A ausência de patrocínios em 2007 impossibilitou a reunião das comunidades, mas proporcionou reflexões fundamentais para a família jongueira. Naquele momento, nós percebíamos que os Encontros, nascidos do desejo de preservar e manter ativa a cultura jongueira, foram se tornando dependentes do setor privado, assim como um evento "badaladíssimo" dos universitários, pesquisadores e apreciadores da cultura afro-brasileira. Essa constatação nos levou a questionar: será que estes eram os únicos caminhos para todas as manifestações culturais que saem do anonimato para ganhar o mundo?

Cantarei de novo pra meu boi guarnercer, da primeira vez que eu cantei não deu pra compreender... Guarnece batalhão, guarnece... Que a vida cresce e o meu povo não quer mais sofrer.

Dali em diante, estávamos conscientes de que nossas parcerias deveriam se firmar com o setor público federal, responsável desde 2005 pelo nosso patrimônio. Na fé de Nzambi caminhamos nesse sentido, e novos cenários se abriram: no ano de 2007, foi criado o Pontão de Cultura do Jongo, com verba captada pelo Projeto Cultura Viva do Ministério da Cultura, responsável pela política de salvaguarda dos bens culturais registrados pelo IPHAN.

A nossa Comunidade, Jongo Dito Ribeiro, foi inserida na rede do Pontão do Jongo em 2009, inclusão que robusteceu a nossa luta pela Casa de Cultura Fazenda Roseira como espaço sede da gestão da nossa comunidade para salvaguardar o jongo em Campinas. A aproximação do IPHAN, a minha inclusão no espaço acadêmico e a articulação das comunidades do sudeste em rede foram consolidando as nossas ações territoriais.

Quanto aos Encontros entre jongueiros do sudeste, conseguimos, entre altos e baixos realizá-los com regularidade até o ano de 2014. Depois disso, nenhum outro Encontro de dimensão regional aconteceu e todas as atividades de salvaguarda do Jongo seguiram em seus estados, apoiadas pelas superintendências do IPHAN. Esse ano de euforia nacional, no qual o Brasil sediava a Copa do Mundo, leva para escanteio outros patrimônios brasileiros. O "7 x 1" para a cultura se revela na ausência de editais e de recursos para a Rede de Pontos de Cultura e outros projetos de incentivo, como o Cultura Viva (MinC).

As comunidades de cada estado do sudeste, apoiadas pelas superintendências regionais do IPHAN, jongaram de diferentes maneiras nesse contexto:

No Rio de Janeiro, as mobilizações entre comunidades municipais diminuíram, provavelmente em decorrência da dependência de parceiros externos que se afastaram, a exemplo da Universidade Federal Fluminense, instituição de ensino que durante muitos anos colaborou na articulação entre as comunidades cariocas.

Em Minas Gerais, estado com um menor número de comunidades, as ações foram focadas no estímulo da prática do jongo para a continuidade da tradição, bem como na identificação da existência de outras comunidades para a ampliação da rede local.

No Espírito Santo, os desafios territoriais foram bem evidentes, diante do fato de o estado ter a maior concentração de comunidades jongueiras do sudeste – o que justificou dedicado trabalho da superintendência do IPHAN-ES para que os laços entre as comunidades desse território não se desfizessem.

Em São Paulo, a diversidade das lideranças e a crescente visibilidade de suas atuações em seus próprios territórios colaboraram para a construção de uma relação frutífera com a superintendência do IPHAN-SP. Ao mesmo tempo que mantivemos esse diálogo permanente, fomos nos tornando protagonistas e autônomos na construção de nossa salvaguarda territorial. A formação de uma rede estadual de mestres e lideranças nos auxiliou na garantia de nossas demandas e na manutenção de nossas conquistas. Dentre elas, a realização anual dos Encontros de Jongueiros Paulistas e das reuniões ampliadas entre profissionais do IPHAN-SP e mestres/lideranças jongueiras.

As comunidades jongueiras do estado de São Paulo

Como liderança e mestra da Comunidade Jongo Dito Ribeiro/Campinas (na missão), me sinto honrada em participar deste importante registro sobre os Batuques Paulistas. No capítulo Jongo, escolhi por ecoar as vozes das comunidades e lideranças que partilham comigo o compromisso de manter vivo o Tambu em nosso estado, São Paulo. Por isso, enviei para todas as comunidades paulistas perguntas potentes para a construção coletiva da historiografia dessa manifestação cultural.

Participaram com seus depoimentos as seguintes comunidades jongueiras: Comunidade do Tamandaré/ Guaratinguetá, Jongo de Piquete/ Piquete, Grupo Mistura da Raça/ São José dos Campos, Comunidade Jongo Dito Ribeiro/ Campinas, Filhos da Semente/ Indaiatuba, Grupo Tiduca/ Cananéia, Jongo Zabelê/ Cubatão, Jongo dos Guainás/ Guaianazes, Jongo de Lagoinha/ Lagoinha, Jongo de Embu das Artes/ Embu das Artes e Jongo de Taubaté/ Taubaté.

As seguintes perguntas foram apresentadas às comunidades:

1. Quem é você? Mestre, liderança ou ambos? De qual cidade/comunidade? Como nasceu seu grupo/comunidade?

Ser mestre no jongo tem a ver com o conhecimento profundo sobre a prática do jongo; normalmente são os mais velhos da comunidade que guardam esses segredos. Enquanto ser liderança pode se referir à pessoa que articula a comunidade, que dialoga com outras instâncias e realiza parcerias. Não necessariamente precisa ser o mais sábio na tradição do jongo, quase sempre é um mais jovem.

2. Qual é o ponto de jongo da sua comunidade de que você mais gosta e por quê?

Os pontos de jongo são registros de desafios, brincadeiras e/ou de situações vivenciadas pela comunidade. Tudo que se canta em uma roda de jongo é uma mensagem de alguém para alguém. Ter um ponto de referência revela esse universo, nem sempre perceptível aos não jongueiros.

3. Há quanto tempo você é jongueiro/a e o que te faz permanecer no jongo?
4. Por que o jongo resiste há tanto tempo?
5. Sua comunidade usa "Cachuera" ou "Machado"?

Esses são termos usados para parar os tambus durante as rodas de jongo, só assim

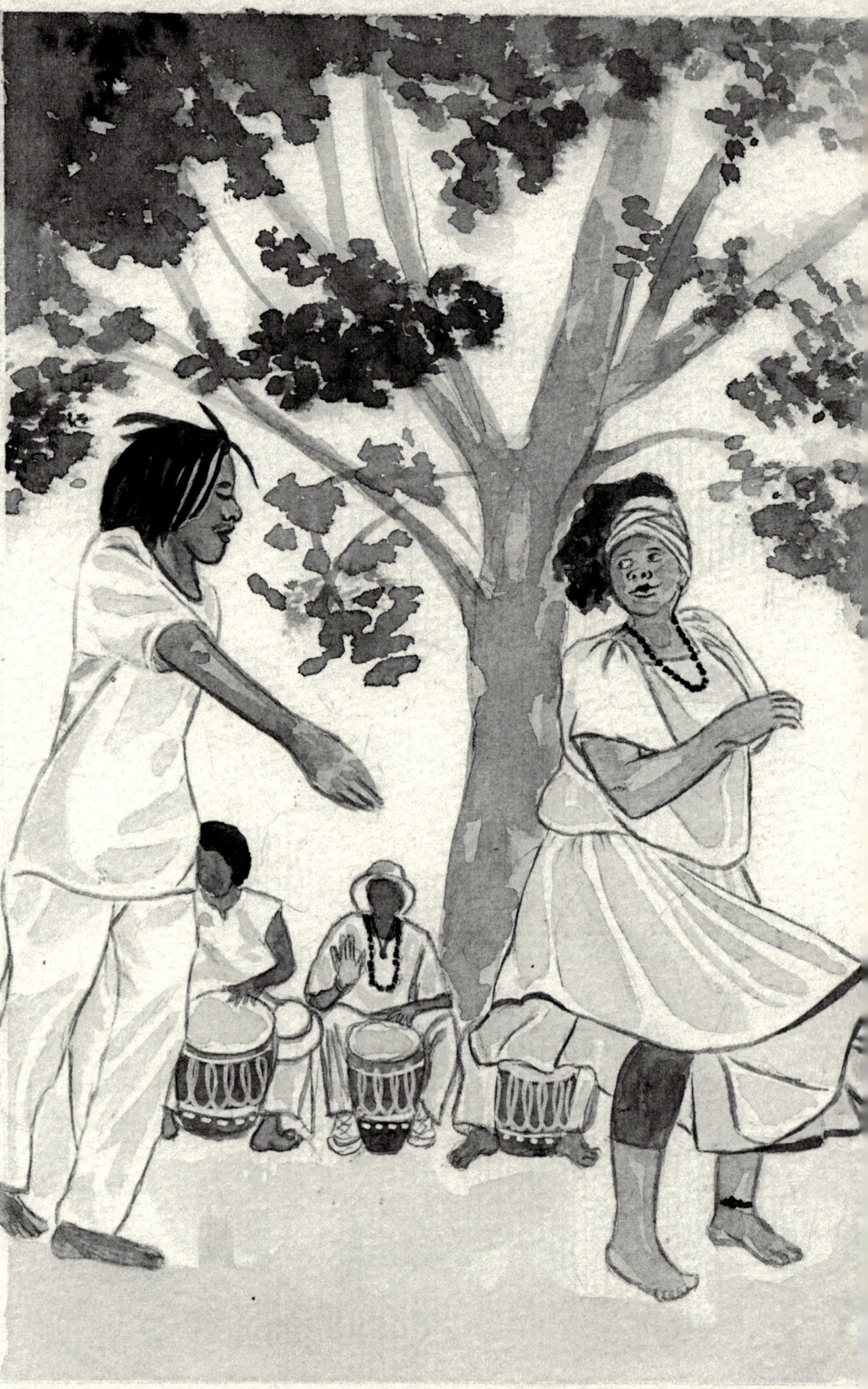

se canta um novo ponto. As comunidades paulistas variam quanto ao uso, algumas bradam "Cachuera!" e outras "Machado!"

6. Deixe uma mensagem.

Salve Tamandaré/Guaratinguetá

Em Tamandaré quem participou da conversa foi o Mestre André Luiz de Oliveira e o Anderson Henrique de Oliveira, ambos netos de Tia Mazé e filhos da Iara.

O jongo começou na cidade através de seus avós, tendo a avó Dona Maria José Mathias de Oliveira, a "Tia Mazé", como matriarca e articuladora de toda a comunidade. Segundo os antigos, os pais de Mazé saíram de um bairro rural e foram para Tamandaré, onde o jongo se manteve vivo até hoje na família. Tia Mazé contava que seu pai chegou com um santo nos braços, São Pedro, no bairro do Tamandaré, e ali onde antigamente havia uma grande área de plantação de café e cana, ele se instalou com a família e começou o jongo dentro da comunidade.

Canário zumba venha me ajudar não deixa engoma acabar. Canário zumba pássaro canta para vir firma jongo não deixa jongo acabar. – Minha avó Mazé cantava e firmava jongo. É ponto muito antigo. (André)

Ao longo do depoimento, os netos de Mazé lembraram que muitas vezes as jongueiras e as pessoas que estavam na roda queriam dançar e se divertir, mas os jongueiros mais velhos ficavam demandando entre si, então, tinham que chamar a avó pra "desamarrar" o jongo.

Eu plantei café de meia... Foi nascer canavial... Café de meia não se dá sinhá dona... Deixa a engoma melhorar.

A maioria dos descendentes dessa comunidade se mantém no jongo e transmite aos filhos e amigos a tradição. Desde que nascem na comunidade cantam, dançam e fazem o jongo da forma que os mais velhos faziam e ensinaram, sem a ambição de se tornarem mestres ou mestras, mas pensando em manter a prática cultural viva naquela territorialidade.

Podemos dizer que filho de jongueiros jongueiro é. O respeito perante a roda de jongo é espontâneo entre todos. Cada um sabe sua obrigação de jongueiro. (Anderson)

O Jongo tem trezentos anos na cidade de Guaratinguetá/SP, umas das mais antigas do vale do Paraíba, e segue resistindo como os negros resistiram. Lá o jongo não era bem-visto, diziam que era coisa de macumbeiro por causa dos tambores, ouvia-se pela cidade *que era um bando de preto fedido pulando igual macaco. Foi uma luta constante pra mostrar e dar visibilidade ao jongo dentro da nossa cidade. Só conseguimos mudar e dar uma visibilidade positiva ao jongo quando tivemos a oportunidade de mostrar o nosso jongo e nossa comunidade através de um documentário* (Anderson).

A palavra "Cachuera" é falada para parar os tambores e o ponto que está sendo cantado, em Guaratinguetá. Sabemos que isso vem desde os antigos, apenas continuamos seguindo a tradição. Na nossa comunidade se usa "Cachuera"!

Saravá Jongueiros de Piquete!

O burro foi na escola pra aprender o ABC
A professora ensinou e o burro não sabe lê
Tira o burro da favela
Dá emprego pro burrinho
Dá escola pro burrinho
Eu quero o burro advogado
Eu quero o burro com mestrado
Doutor
No senado
Deputado
Presidente... E aí vai

O primeiro registro de jongo no município de Piquete se deu com a proibição da prática publicada em 1890 no "código de postura da cidade", mas, anteriormente, já se dançava jongo por lá. E é justamente o apagamento da história dos pretos nesse território e a precarização destas existências, que torna *O Burro não sabe lê* um ponto que *significa muito pra comunidade, pela luta por visibilidade por perceberem que o ser in-*

visível é mais vulnerável. É o que conta o mestre da Comunidade de Piquete, Gilberto Augusto (Gil), que concedeu valioso relato.

Desde garoto, Mestre Gil fazia parte do grupo Teresinha Generoso, ele vem de família de Jongueiros e há 28 anos está na liderança da comunidade de Piquete. A esposa de Gil, Élida, está há 14 anos na comunidade e também é uma das lideranças. O jongo resiste na cidade por sua base fundamentada nessa família.

Em Piquete sempre se usa "Machado", ou simplesmente coloca-se a mão no tambu como sinal para pausar os tambores e cantar outro ponto. O "Machado" ainda é o costume, talvez pela proximidade das comunidades cariocas. – Machado!

Embu das Artes

Eu disse solta o cabelo ela soltou, olha a coroa rainha se libertou.

Esse ponto para a comunidade de Embu é uma ferramenta de luta no combate ao racismo e pela educação não racista. Exalta o empoderamento, é a coroa da resistência da mulher negra. Esse ponto existe para *enaltecer a beleza do cabelo e lembrar o reinado ancestral, pelas raízes e forças ancestrais que liberam nossas vozes, danças e nosso jeito de brincar. Pois, houve um apagamento intenso da nossa história, a ponto de muitos perderem a identidade e reproduzir o comportamento anti-negro* (Mestra Sol).

Em Embu das Artes, o jongo foi inspirado no avô da Mestra Sol, João Adão, e na sua tia Lia (ambos paternos). Como Sol é irmã de Mestre Gil, a comunidade se reconhece como extensão do Jongo de Piquete. Ícaro é um dos filhos da Mestra Sol e um dos representantes da liderança jovem.

O Jongo resiste na cidade por ser herança dessa família e pela insistência dos praticantes. A comunidade acredita na luta para que o Jongo não desapareça da memória dos que virão. Seus integrantes desejam *que a tradição não se acabe e, dessa forma, sempre os mais velhos possam passar fundamentos aos mais novos e os mais novos tenham interesse de saber cada vez mais sobre a sua cultura, e a criança é o futuro* (Ícaro).

Machado!

De Barra do Piraí para São José dos Campos

Beleza! Beleza! Beleza!

Laudení de Souza, mestre e liderança jongueira, nascido e criado em Barra do Piraí/RJ, foi para São José dos Campos a trabalho em 2002. Para dançar jongo com seus familiares, tinha como desafio viajar para Barra do Piraí e se juntar com o Grupo "Filhos de Angola", onde seu pai era mestre até falecer. Como eram caras essas viagens, Laudení e sua família resolveram *soprar a brasinha e nasceu o Grupo de Jongo Mistura da Raça* (Laudení) em São José dos Campos/SP. Nesse processo investigaram a história da cidade e descobriram que lá havia Jongo no passado, mas que a tradição estava adormecida havia sessenta anos.

Luciana Carvalho, jovem liderança jongueira (filha de Laudení), disse que lá em Barra do Piraí – RJ existem várias comunidades, entre elas a comunidade Filhos de Angola fundada pelo pai do seu mestre, o Sr. Dorvalino de Souza.

Ah quem falou que nós não vinha
Mas é ruim de nós não vim
Ah eu pedi São Benedito
E ele abriu nosso camim

Luciana gosta de vários pontos da comunidade, porém, um dos que ela mais gosta é o que fez para a sua avó. Por representar o amor e a admiração que eles têm pela mais velha, referência da comunidade.

Vovó benzeu
Vovó curou
Vovó rezou e banhou
E é na fé de vovó
Que hoje bato meu tambor
E quando vovó tá na roda
Sinto o meu corpo arrepiar
Eu fico boba aqui olhando

Assim que eu quero chegar lá
Lê le lelelelele...

Laudení já está no jongo há sessenta anos, ou seja, desde a barriga da mãe. Nunca pensou em parar, e o que o faz continuar é o desejo de ver o jongo disseminado mundo afora, assim como a capoeira, porém com o respeito que lhe é devido. Para ele, o Jongo resiste porque é uma cultura dos antepassados que viveram muitas coisas, inclusive a proibição no "código de postura". Mesmo assim, as comunidades nunca desistiram de bater seus tambores, mandando suas mensagens através dos pontos e mostrando sua versatilidade. A energia nunca foi cortada, muito pelo contrário, foi passando de geração para geração.

É uma missão que nossos antepassados nos passaram, por isso nunca vai acabar. E a mensagem que eu deixo é a seguinte: que todos os jongueiros passem os ensinamentos do jongo para os seus familiares e para todos os que veem o jongo como uma cultura séria, e que não o querem apenas para levar vantagem, se aproveitando dos mestres para sugar seus conhecimentos e na hora dos editais, se inscreverem e não se lembrarem da "água da fonte" que se deliciaram. (Mestre Laudení)
Machado!

Comunidade Jongo Dito Ribeiro – Campinas

Tava andando na beira do mar... Tava andando na beira do mar
Quando vovô me disse vem meu fio vem jonga... Quando vovô me disse vem meu fio vem jonga
Pois a ngoma não pode para... Pois a ngoma não pode para
Jongueiro que é jongueiro jonga em qualquer lugá...Jongueiro que é jongueiro jonga em qualquer lugá

Vanessa Dias – mulher preta, fora dos padrões hegemônicos sociais, religiosa de matriz africana (umbandista), pedagoga, mestranda em Educação, mobilizadora de juventude, filha, irmã e uma das lideranças da Comunidade Jongo Dito Ribeiro – conta que o jongo de Campinas (SP) iniciou suas atividades no ano de 2002, no Jardim Roseira, quintal da Casa da Dona Maria Alice, mãe de Alessandra Ribeiro:

A Família de Alessandra Ribeiro tem um ancestral jongueiro, o Benedito Ribeiro, que veio de Minas Gerais e fazia jongo por aqui até um pouco antes de morrer, no começo da década de 1960. Quando Alessandra nasceu, no início da década de 1970, Benedito Ribeiro já não era mais vivo e ela tampouco soube da existência da manifestação do jongo em sua família, o que se deu mais tarde, no início dos anos 2000.

Nesse tempo, Alessandra havia conhecido alguns grupos da cultura afro-brasileira. Dessas vivências surgiu a amizade com Daniel Reverendo, grande batuqueiro, pesquisador, difusor do jongo e da cultura popular (que já conhecia a comunidade de Guaratinguetá). Reverendo, então, participou de um arraial na casa dela e fez uma roda de jongo naquele dia.

Toca esse tambu, lalaiá
Toca com amor,
Tambu ecoou balançou coração
Entra na roda que eu quero vê
(Ponto da Comunidade Jongo Dito Ribeiro)

Alessandra, por sua vez, tinha tido contato com alguns pontos de jongo na Casa de Cultura Tainã-Campinas (SP), os pontos cantados acenderam como fogueira sentimentos desconhecidos, despertando uma emoção muito forte – ela só gostaria de entender de onde vinha aquilo! Foi nessa festa que o irmão mais velho de Dona Maria Alice, Mestre Dudu, se lembrou do jongo, confirmando que seu pai, o mineiro Benedito Ribeiro também jongava.

Nesse momento, Alessandra recebia a missão que sua ancestralidade lhe guardava: resgatar, preservar e continuar a tradição familiar que até ali desconhecia.

Lucas, uma das lideranças da comunidade, complementa a trajetória: *Alessandra não tinha conhecido seu avô e essa história do jongo na família ficou no quartinho.*

Antigamente, nem criança nem adolescente podia participar. Mestre Dudu, filho de Dito Ribeiro e Benedita Ribeiro, ouvia o jongo feito por seu pai e, quando pequeno, espiava as rodas que aconteciam no quintal de sua casa, nas décadas de 30 e 40. Foi na memória de nosso mestre (o querido "Tio Dudu"), e na infalível companhia de pai Ogum, que o jongo veio rompendo mato lá de Minas até Campinas.

Depois de compreender seu papel na tradição do Jongo, mais tarde, por volta de 2003, no vale do Tamandaré, Alessandra conheceu diversos mestres jongueiros, em especial a matriarca da comunidade local, Tia Mazé. A relação que se estabeleceu entre as duas foi tão forte, que Tia Mazé colocava Alessandra para dormir no canto da sua cama – a jongueira velha não teve dúvida da ancestralidade que Alessandra carregava. Assim, com a bênção de Tia Mazé, passamos a ser apadrinhados pela comunidade de Tamandaré.

Lucas Silva faz parte da comunidade Jongo Dito Ribeiro há 11 anos e o motivo que o faz continuar é o mesmo que o chamou: a ancestralidade. O jongo é nossa vida, nossa filosofia, nossa escola, nossa ética e nossa moral.

Vanessa nos lembra também de que o Jongo, assim como várias manifestações de matriz africana, tem uma ligação forte com a ancestralidade. Ela sempre acreditou que essa força – "que chegou aqui primeiro" – faz o Jongo resistir. E completa: *claro que tem a força das pessoas que escolhem (como eu), ou recebem a missão de contribuir para a sua existência, mas eu também acredito que o Jongo tem uma força Ancestral que fica meio que "perturbando" a gente, porque é algo que é impossível passar e não perceber ou sentir nada.*

Nunca é tarde para voltarmos e buscarmos nossas raízes. (Sankofa)

Em tempos de pandemia numa sociedade racista estruturalmente, o Jongo é uma manifestação que agrega, nos ensina a resistir e re-existir. Foi o Jongo que me fez entender o poder que temos de fazer a nossa própria história. Viver numa cidade que foi a última a abolir oficialmente a escravidão é muito duro, mas o Jongo nos ajuda a engrossar o nosso coro, a engolir o choro e ir à luta. Nos ensina que podemos estar na universidade, na política, onde quisermos, nos ensina que podemos ser e fazer o que quisermos, desde que tenhamos muito respeito a todas as pessoas, independente do que elas sejam na vida, e muito amor no coração. Por isso, carregamos a SANKOFA como nosso símbolo. Cachuera!

Indaiatuba – Filhos da Semente

O Jongo Filhos da Semente, da cidade de Indaiatuba (SP) tem como liderança Jociara Souza, que contou um pouco de sua história junto com uma das mais novas integrantes da sua comunidade, Michele Cristina Agostini.

Após o falecimento do pai, o jongueiro Tio Juca de Barra do Piraí (RJ), Jociara sentiu a responsabilidade e a necessidade de continuar a tradição do Jongo. Através do encontro com a professora Marina Costa, na Casa de Cultura Fazenda Roseira durante um Arraial Afro Julino da Comunidade Jongo Dito Ribeiro em Campinas (SP), ela iniciou sua caminhada. Ambas realizaram um projeto nas escolas do EJA – Ensino de Jovens e Adultos, que foi contagiando os participantes e com a chegada de mais integrantes nessa jovem família, nasce o Grupo Filhos da Semente.

La no céu tem três estrelas,
Todas três em carrerinha,
Uma é tia Teresa, e seu Durvalino
Outra é o tio Juquinha (que era meu Pai)
Machado!

Esse ponto de jongo de Jociara, veio logo após o falecimento de seu pai. E ela conta: "Eu acredito que ele se juntou à minha Tia Teresa, irmã dele, à Eva Lúcia e ao seu Durvalino, que é pai do Mestre Laudení do Jongo de São José dos Campos (SP) – embora este seja natural de Barra do Piraí (RJ)".

Jociara acredita que esses mestres "brilham como estrelas lá no céu, tomam conta de todos nós e nos ajudam nessa caminhada, um do lado do outro. Desde que eu nasci, para mim não existe continuar, porque não tem como deixar de ser, em minha opinião, não é um estado de querer e sim de ser. Nós podemos deixar de praticar, mas nunca deixar de ser. O que faz continuar a prática é minha história, família, minha ancestralidade, as conquistas que tive com o jongo, a luta que conseguimos enfrentar através dele e principalmente porque sinto meu pai muito mais perto de mim, não só ele como toda a minha família".

Michele, que complementa este depoimento junto de sua liderança, traz o seu olhar de jongueira nova sobre sua vivência na comunidade. Ela diz não ser boa com as "coisas de tempo", não sabe ainda se considera-se jongueira, ela sente que precisa caminhar muito ainda pra chegar lá, e afirma: "o Jongo me abraçou há uns sete anos e não tem como não continuar, o que eu sinto quando eu estou no jongo, quando eu falo sobre jongo, quando eu canto um ponto, toco um tambor, só de estar na roda mesmo é algo que eu não sinto em nenhum outro lugar, o Jongo é único pra mim e tudo que ele me trouxe desde sempre, tudo que tenho aprendido com ele e continuo aprendendo, as pessoas, toda a riqueza, toda a ancestralidade, o Jongo é algo de que eu necessito e continuo porque ele sempre me chama e se eu for pra longe ele me busca, e se não chamasse eu ia procurar o som do tambor".

O Jongo para Michele é imortal e vem no sangue de quem é jongueiro – está na pele do tambor, no ar soprado pelos nossos mais velhos nos ouvidos mais atentos, e só resiste porque vem de um povo que não desiste, que faz por amor, por necessidade, por reconhecimento, faz porque tem verdade, o Jongo resiste porque existe e é real – sua essência é a própria resistência!

Jociara confirma esses sentimentos dizendo que "o Jongo é a história de resistência de um povo que sobreviveu ao navio negreiro, é história de memória repassada entre gerações, por mais que tentem apagar essa história ou reformular e escrever de outra forma, não se consegue apagar uma memória e nossos mais velhos griôs nos contaram a história como ela realmente foi e isso não tem como apagar. E assim resistimos. Por isso, cada vez mais replicamos na roda essa luta, estamos organizados ganhando voz com representatividade, inclusive na política, anteriormente era só em nossos quintais e agora estamos conseguindo tomar outros locais, como escolas, universidades, palcos e outros espaços aonde estamos chegando para levar a nossa história do nosso jeito. Esse processo está bem lento, mas está caminhando e assim vamos resistindo e lutando por nossos direitos."

Por fim, ela conclui: "Jongo é pé na terra, herança dos ancestrais. Poder, luta, força e guerra, sempre em busca da paz! Sou jongueira firme e na roda sou feliz, consigo dar meu recado, firmado em minha raiz".

Machado!

Jongo dos Guaianás

O Tambu bateu tocou no meu coração
o Tambu bateu tocou no meu coração
amassa café, bate na palma
segura o coro pro povo poder jongar
oh abre a roda, chora Tambu
e o candongueiro
abençoe esse lugar

Esse ponto é uma louvação aos principais elementos do jongo, os tambores, a roda, nossos ancestrais. Com uma bonita melodia é um ponto de fácil assimilação. Também é muito alegre, faz a roda acender, faz todos quererem cantar e dançar.

Amilton, conhecido como Tita Reis, é uma das lideranças da comunidade Jongo dos Guaianás, da cidade de São Paulo. A comunidade surgiu em 2007 quando realizaram uma oficina chamada Tambores Paulistas na qual pretendiam aprofundar o conhecimento sobre a cultura popular paulista e do Sudeste. O jongo foi a manifestação cultural que uniu a comunidade. Desde então, não pararam mais, mantendo diálogo constante com as comunidades tradicionais e seus mestres e mestras. Atualmente, fazem parte da rede das comunidades paulista de Jongo.

Monici, outra liderança da Comunidade Jongo dos Guaianás, diz que começaram a fazer se aproximar das comunidades tradicionais para estar mais perto das mestras e mestres da cultura jongueira. Em 2009, levaram o jongo do Tamandaré para o bairro onde assentaram a prática jongueira (Guaianás) e a partir desse ano passaram a frequentar as festas e encontros de jongo que ocorriam em tantas outras comunidades.

Em 2014, estiveram com as comunidades do Tamandaré e Quilombolas em Guaratinguetá/SP e a partir daí passaram a realizar suas rodas na Aldeia Quilombo Guaianás. Em 2015, participaram do Encontro de Jongueiros Paulista em Embu das Artes, junto com os jongueiros de Tamandaré. No ano de 2016, foram batizados e passaram a integrar a rede das comunidades jongueiras do Estado de São Paulo.

> *Eu sou um passarinho e vou pousar nesse terreiro.*
> *Peço licença e a proteção daqueles que vêm primeiro.*
> *Voando pra frente, oiando pra trás.*
> *Quem tá pedindo licença é o Jongo dos Guaianás.*

"Esse é um dos pontos que mais gosto da nossa comunidade porque pra mim ele representa muito do que somos, uma comunidade nova, um passarinho que segue com o jongo, mas não sem antes pedir a licença e a proteção dos nossos ancestrais, de mestres e mestras que vivenciaram o jongo e fizeram ele resistir até hoje nos permitindo ser jongueiras e jongueiros." (Monici)

Tita Reis disse que há 13 anos, quando conheceram os batuques de São Paulo, não tiveram dúvidas de que o jongo se transformaria na razão de existir da comunidade. Pois os elementos que o constituem, a organização comunitária, o fazer coletivo, o canto que conta o cotidiano de um povo, os tomou no peito.

Monici acrescenta que o Jongo leva a uma conexão com a espiritualidade, é a resistência da ancestralidade afro-brasileira, que está pra além do que podemos viver e sentir. Considera a prática do Jongo fundamental para a manutenção de tradições negras e para valorização da sua beleza pelas gerações futuras.

Cachuera!

Comunidade TIDUCA Cananéia

O Jongo surgiu em Cananéia muito antes de a Associação Grupo Cultural Tiduca se tornar também uma comunidade jongueira. O início desse processo se deu por intermédio do Mestre André do Jongo de Guaratinguetá – que em 2006 foi até a cidade buscar informações para um projeto de que ele estava participando, e realizou uma entrevista com a Mãe de Santo Juliana de Obaluaê.

Em 2015, a comunidade teve um contato mais profundo com o Jongo através do Mestre Messias do Rio de Janeiro. A partir dessa vivência, alguns membros da Associação Grupo Cultural Tiduca começaram a pesquisar histórias antigas sobre manifestações culturais na cidade e tiveram informações pelos moradores mais antigos de que lá havia práticas de batuques identificados, por eles, como Jongo. Então iniciaram os estudos e práticas dessa manifestação cultural. Na Praça Theodolina Gomes de Souza (TIDUCA), que dá nome à comunidade, a comunidade abre sua primeira roda após esse despertar do Jongo de Cananéia.

Daniel Clayton Pedro Rodrigues, 39 anos, tem 23 anos de trabalho afrossocial desenvolvido em Cananéia/SP, cidade considerada como o Primeiro Povoado do Brasil. Para muitos jongueiros do município, Daniel é considerado mestre, mas no grupo de Jongo se apresenta como uma liderança. Costuma dizer que é um instrumento da vontade de Deus e procura sempre estar junto às pessoas que ama.

O mestre diz que não nasceu jongueiro, mas se tornou pelo simples fato de ter nascido preto e brasileiro, um guerreio de Zumbi. Conta que o tocar tambor entende sua missão nesta vida: dar continuidade aos trabalhos de seus anciãos. Se considera um "escolhido do povo de Aruanda" por conta da força ancestral que o habita.

Daniel canta um ponto criado na primeira roda de Jongo que fizeram, realizada na mesma noite de nascimento de Pedro Benedito, filho de uma das integrantes do grupo: "Nosso jongo nasceu pequenininho e foi agraciado com a chegada de um menino. Era uma noite de luar, fogueira acesa, candongueiro a tocar. E no terreiro chegou Pedro Benedito. Nossa Senhora do Rosário abençoe esse menino. Nesse chão nasceu o Jongo, nessa noite de luar, Nasceu Pedro Benedito ai meu Deus do Céu, veio nos abençoar." O ponto, de autoria de Lilia Gomes de Souza (com uma estrofe criada pela Mãe Juliana), é muito forte para essa comunidade por ter sido cantado no momento de nascimento de uma criança e também da primeira roda de Tiduca.

Lilia, uma das mulheres integrantes da comunidade Jongo Tiduca, escolheu registar um ponto que retrata a força, a luta e a dedicação da mulher brasileira:

É na luta do dia-dia
Acordar cedo, cuidar da cria
E sair pra trabalhar
Final do dia muita roupa pra lavar
Sou mulher
Sou brasileira
Tô na luta sou guerreira
Quando toca o tambu
Rodo a saia,
Sou Jongueira

Anna Flávia Almeida Cordeiro, filha de uma importante liderança dentro da comunidade, (Alexandra Aparecida de Almeida, *in memoriam*), herdou a força de sua mãe e a responsabilidade de dar continuidade à tradição que liderava. A jovem jongueira, que está há cinco anos na comunidade Jongo Tiduca, acredita que nesta vida todos têm uma missão.

A comunidade afirma que enquanto houver um preto(a) nesta terra o jongo resistirá. Enquanto houver um pedaço de árvore e um coro de animal, o jongo resistirá. A África existirá. Os integrantes do Jongo Tinduca se reconhecem como os sobreviventes de um sistema falho e cruel que corporificam a resistência. Eles são "Todos por Todos", sabem que juntos são imbatíveis. O jongo, imensurável herança ancestral, representa a FORÇA desse coletivo, que se mantém em pé e vivo através dos tambores.

A Comunidade Jongo Tiduca usa para "pedir agô ao tambu", a palavra Cachuera, provavelmente por ser uma comunidade apadrinhada pelo Jongo Tamandaré, pelo Mestre André do Jongo.

Cachuera!

Comunidade Jongo Zabele – Salve vó Bia – Maria Liberata

Marco Tuim é a liderança do Jongo Zabelê, comunidade que nasce com Maria Liberata, natural de Nova Olinda (MG). Também conhecida como Vó Bia, foi preta velha escravizada, ama de leite e a primeira parteira da cidade – responsável pelo nascimento de todo um povoado. Vó Bia, em determinado momento de sua vida, muda-se para Cubatão (SP), levando na bagagem as memórias dos jongos e congadas de sua terra.

Foi na terceira geração desta família que se iniciou a nova jornada jongueira. Em meados de 2009, quando seu bisneto Marco Tuim, junto de sua companheira de vida Juliana Clabunde, perceberam a necessidade de conectar a comunidade da Vila dos Pescadores com suas identidades e expressões populares, heranças africanas e afro-brasileiras. Iniciaram, daí, um processo de pesquisa sobre as memórias comunitárias, em que identificaram a marcante presença das manifestações de "ngoma", palavra que também era usada para identificar o fazer do jongo. Além disso, surpreenderam-se com a notória importância de Maria Liberata nessa história.

A Comunidade Jongo Zabelê também foi acolhida e apadrinhada pela Comunidade Jongo do Tamandaré. Com eles, aprenderam e foram amadurecendo no jongo, tiveram apoio do Mestre André, Mestre Totonho, Regina, Fatinha – conheceram as memórias de Dona Tó, e Dona Mazé, que, na espiritualidade, acreditam estar junto às suas ancestrais Vó Bia e Vó Maria Conga.

Oh Vó Bia, oh dindá, Oh preta guerreira,
Da sua mão veio ao mundo o povo desse lugar
Laaaalaieila, laaaa laia,
laaaalaielalaieilaielalaieilaila
Ooo peço licença, aos velhos jongueiros de lá.
Sob o manto de mainha, trago as conchinhas do mar
Ilaieilaieeeee, Ilaieilaieeeee, Ilaieilaieeeee, Ilaieilaie

Esses são os pontos de que as lideranças mais gostam na comunidade pela relação com a sua ancestralidade. Marco afirma: "nasci em uma família jongueira, mas sou jongueiro desde o momento em que descobri que Vó Bia é minha bisavó, mesmo período que conheci meu pai biológico e me reconectei com diversos propósitos nesta vida. E, cada vez que me lembro que muitos viveram duras histórias de sobrevivência para manter o jongo vivo até hoje, me sinto mais do que responsável em fazer valer tudo o que passaram, me fazendo continuar mesmo que em meio a outras adversidades, sigo firme".

Juliana, a esposa de Marco e também liderança na comunidade, ressalta que não nasceu em uma família tradicionalmente jongueira, costuma dizer que o jongo a chamou, e revela como foram esses chamados: "com meus 19 anos, através de uma grande mulher chamada Rosângela Macedo, que até hoje caminha com sua ngoma, naquele momento ela já me disse: 'tem fumaça no quintal'; o segundo, com uns 25 anos, foi na espiritualidade, quando Vó Maria Conga contou e cantou publicamente a missão com o tambor, mas foi só quando me encontrei com Vó Bia, aos trinta anos, que pude realmente me reconhecer jongueira, não somente enquanto praticante desta expressão cultural, mas enquanto mulher e liderança desta comunidade".

A resiliência do jongo se deu na raiz do povo preto jongueiro, perpetuando-se na resistência física, emocional e social, preparando e dando firmeza para seu povo atuar no presente. O jongo em sua manifestação e em tudo que gira em torno da roda, da fogueira possibilita o acesso ao conhecimento, a valorização das heranças africanas e afro-brasileiras, revelando-se também como espaço de descolonização de mentes para o fortalecimento dos direitos e salvaguarda do jongo.

Cachuera!

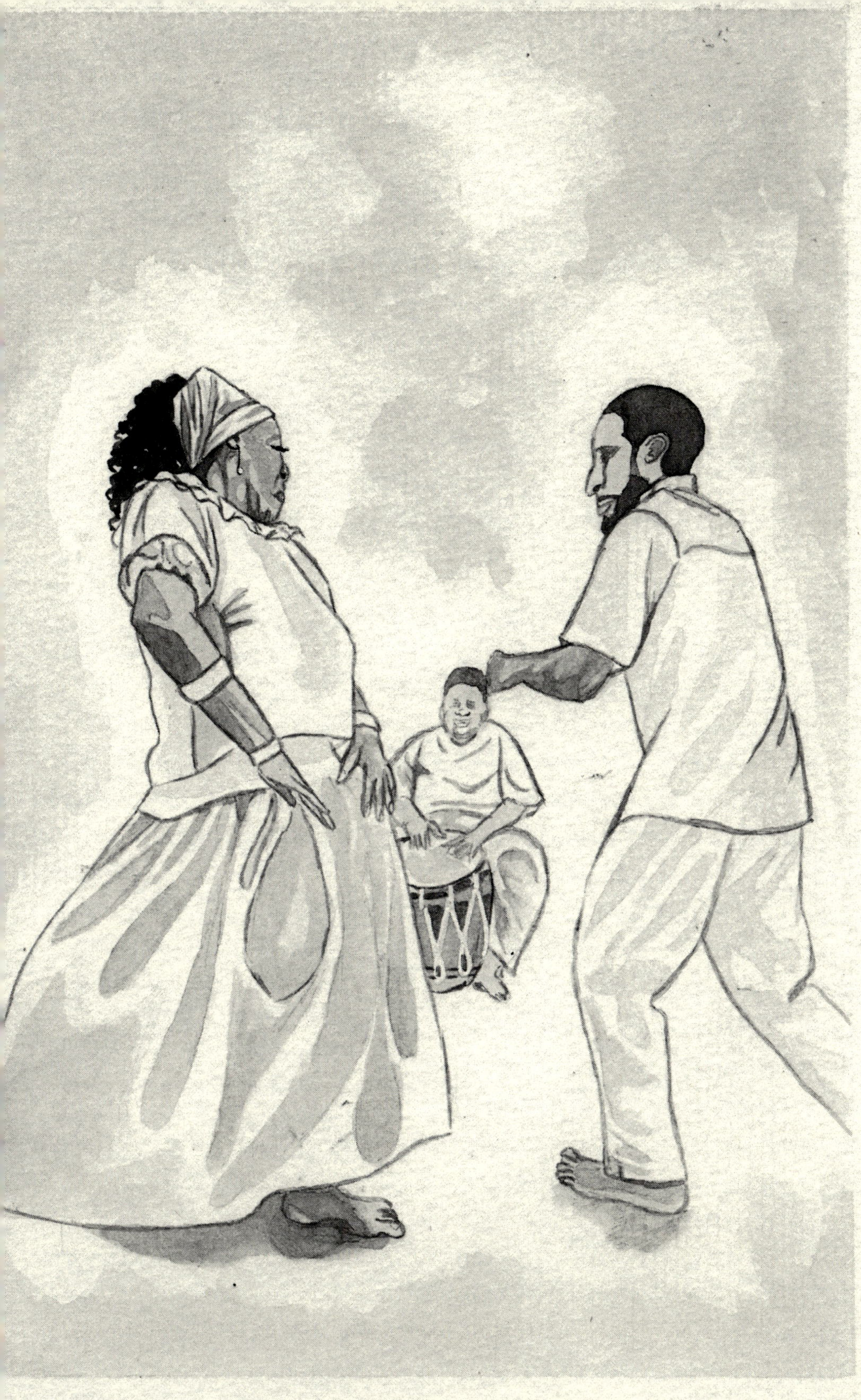

O Terreiro de Galinha da Comunidade Jongo Dito Ribeiro

Quero vê pinto piano, quero vê pinto piá
Quero vê pinto piano, quero vê pinto piá
No terreiro de galinha, quero vê pinto piá.
(Ponto Comunidade Jongo Dito Ribeiro)

A Comunidade Jongo Dito Ribeiro carrega o nome de um ancestral masculino, meu avô, porém quem passa por essa comunidade reconhece que somos um Terreiro de Galinha, ou seja, é um terreiro de protagonismo feminino. Fui escolhida, dentre outros familiares do núcleo Ribeiro, pela ancestralidade para salvaguardar a manifestação do jongo, a qual ficou adormecida por quase quarenta anos até a minha chegada e preparo para esse reencontro. Este movimento fez com que as minhas tias, tios e minha mãe, a Dona Maria do Jongo, Tia Cidinha e Tia Edite (*in memoriam*) filhas de Dito Ribeiro, rememorassem as festas com jongo que aconteciam no tempo de suas infâncias na casa do vovô e conduzissem pelas memórias o protagonismo e matriarcado familiar também na liderança e condução da comunidade.

Não foi diferente com outras mulheres que integraram a comunidade que também se identificaram com a nossa presença feminina, com os pontos e todo o movimento de empoderamento fazendo com que se tornassem protagonistas também de suas próprias histórias, não somente no jongo, mas na vida.

Em relação aos homens, entendemos sua importância e por isso os reconhecemos, os acolhemos e bem queremos que sigam conosco nessa caminhada, entendemos que não é uma questão de disputa homens x mulheres, mas estes homens que estão conosco chegam em uma comunidade conduzida por essa força feminina, matriarcal e assim organicamente se estabelece a relação.

Esse reconhecimento da relação de afetos acaba se revelando através de nossos pontos de jongo, fazendo referência às nossas vivências como o carinho que temos com nossas mais velhas como a Dona Maria do Jongo, como a sabedoria que está contida na cozinha das mulheres pretas e que com certeza se estende a todos os mais velhos da comunidade.

No conga de nha Maria
Oi no conga de nha Maria
A bença é pé na cozinha
A bença é pé na cozinha
(Ponto Comunidade Jongo Dito Ribeiro)

Uma ação que fazemos em nossa Comunidade como uma forma de homenagear e sempre comemorar o privilégio em termos as nossas mais velhas matriarcas é a realização da Feijoada das Marias do Jongo. As Marias do Jongo são a minha mãe, Dona Maria Alice, e a minha tia, Maria Aparecida, a tia Cidinha como a chamamos. Elas fazem aniversário no mesmo dia, mas têm cinco anos de diferença. Tia Cidinha, atualmente com 82 anos, conta que no dia de seu aniversário de cinco anos, sua mãe, dona Ditinha, minha avó, chegou em casa e disse que trouxe um presente à ainda pequena Maria Aparecida, esta, por sua vez, ficou bem contente antes de ver o que era o presente. Quando de repente sua mãe coloca em seus braços uma bebê recém-nascida, a pequena Maria Alice, hoje com 77 anos. Tia Cidinha relata ainda que na época não gostou do presente, pois ela queria uma boneca de verdade. Mas ainda bem que isso mudou e elas cresceram inseparáveis.

Esta ação da Feijoada é o momento que a Comunidade tem para comemorar as vidas das Marias do Jongo, mas também é o momento para homenagearmos a vida de todas as mulheres que também participam do Jongo Dito Ribeiro e de outras comunidades e grupos culturais negros, que também lutam a cada dia por seus ideais numa sociedade machista e patriarcal. Mulheres que são parceiras de luta e que têm muitas questões em comum com a vida das Marias jongueiras. É um momento em que estamos todas e todos em torno da comida que é preparada por nós da comunidade, tendo a oportunidade de ouvir as várias histórias que são vivenciadas todos os dias por mulheres fortes e que simbolizam muita força, luta, coragem e tantos outros adjetivos.

E isso só é possível saber depois de muito tempo de vivência na comunidade. Todo esse processo faz da nossa cozinha o lugar mais importante deste Terreiro de Galinha.

Em terreiro de galinha D´Angola
Em terreiro de galinha D´Angola
Não cabe jararaca nem sucuri

Não cabe jararaca nem sucuri
Em terra de estrangeiro não se pode falar tudo
Cuidado com essa galinha que ela pode girar mundo...
(Ponto Comunidade Jongo Dito Ribeiro)

Outros entendimentos dessa presença da mulher preta dizem respeito não só aos saberes da cozinha, mas aos saberes estratégicos com que ela mantém com firmeza e trabalho esse Terreiro de Galinha em pleno funcionamento em seu âmbito local, permitindo ao mesmo tempo a liberdade e todas as condições para se alçar voos, ultrapassando, assim, o próprio quintal. Em um constante processo de ações que inspiram e retroalimentam a nós, mulheres que fazemos parte dessa comunidade a estarmos em espaços acadêmicos, em disputa de espaços de poder político, em congressos por diversos países do mundo levando a nossa cultura jongueira na fala e no coração.

Na fazenda Roseiral
O milho virou pipoca
Eu com meu tambu na mão
Sinhozinho não me toca
(Ponto Comunidade Jongo Dito Ribeiro)

Durante todo esse período, nós também vivenciamos a ocupação da Fazenda Roseira, a qual foi e continua sendo um aprendizado todos os dias sobre como lidar com gestão de um espaço cultural afro. Hoje temos a permissão de uso do referido espaço, que é um equipamento público da Prefeitura Municipal de Campinas, ou seja, temos uma gestão compartilhada com o poder público local, mas no começo, em 2008, ocupamos sem nem saber o que era uma ocupação cultural e quais desafios políticos teríamos pela frente. E nós, mulheres, estávamos à frente deste movimento, com outras parcerias com certeza, mas estávamos liderando uma ocupação que nos trouxe momentos de muitas alegrias, mas para isso tivemos muitos momentos de tensão. Tensão política, tensão pelo fato de sermos mulheres e estarmos em situação de ocupação, tensão por sermos mulheres pretas diante de um espaço que tinha como proprietário, no passado, uma das famílias mais ricas do município de

Campinas, tensão por estarmos numa sociedade totalmente machista e tínhamos que criar nossas próprias defesas para lidar com todos os desafios.

A ocupação também foi nos ensinando e mostrando que poderíamos estar onde quiséssemos como foi bem colocado no depoimento da Vanessa. Por causa dessas experiências na ocupação e na rede jongueira, fomos aprendendo mais e participando da construção de políticas para o Patrimônio Imaterial, não só no município, mas no estado e no país. Fomos pautando também outras políticas culturais, a mais recente experiência é a sanção da Lei Aldir Blanc em cuja construção participei ativamente, além de pressionar o Congresso para a sua aprovação.

Milho virou pipoca, na Fazenda Roseiral
Quero vê jongueiro novo
Quero vê jongueiro bom
Quero vê jongueiro bom

Hoje, outras mulheres e jongueiras, a partir das nossas experiências na Comunidade Jongo Dito Ribeiro, estão trilhando seus próprios caminhos, por perceberem suas potências e suas habilidades em realizar o que realmente desejam com a certeza de que o matriarcado de nosso Terreiro de Galinha é um legado para todas as mulheres, em especial negras, que sabem de onde vieram, para que vieram e para onde irão.

Cachuera!

Referências Bibliográficas e Orais

AUGUSTO, Gil. Depoimento concedido para Alessandra Ribeiro sobre o jongo de Piquete em 24. mai. 2020.

CORDEIRO, Anna Flávia Almeida. Depoimento concedido para Alessandra Ribeiro sobre o jongo Tiduca de Cananéia-SP em 24. mai. 2020.

DIAS, Vanessa. Depoimento concedido para Alessandra Ribeiro sobre o Jongo Dito Ribeiro de Campinas-SP em 24. mai. 2020.

IPHAN. Jongo do sudeste. Dossiê IPHAN n. 5, Brasília, 2007.

JULIANA. Depoimento concedido para Alessandra Ribeiro sobre o jongo Zabele em 24. mai. 2020.

LILIA. Depoimento concedido para Alessandra Ribeiro sobre o Jongo Tiduca de Cananéia-SP em 24. mai. 2020.

MARTINS, Alessandra Ribeiro. Requalificação urbana: a Fazenda Roseira e a Comunidade Jongo Dito Ribeiro Campinas-SP. Dissertação de mestrado. Programa de Pós-graduação em arquitetura e urbanismo - PUC - Pontifícia Universidade Católica de Campinas, Campinas-SP, 2011.

MARTINS, Alessandra Ribeiro. Matriz Africana em Campinas: território, memória e representação. Tese de doutorado. Programa de Pós-graduação em arquitetura e urbanismo - PUC - Pontifícia Universidade Católica de Campinas, Campinas-SP, 2017.

MONICI. Depoimento concedido para Alessandra Ribeiro sobre o Jongo dos Guaianás de Guaianazes-SP.

OLIVEIRA, André Luiz de. Depoimento concedido para Alessandra Ribeiro sobre o Jongo de Guaratinguetá em 24. mai. 2020.

OLIVEIRA, Anderson Henrique de. Depoimento concedido para Alessandra Ribeiro sobre o Jongo de Guaratinguetá em 24. mai. 2020.

REIS, Amilton (Tita). Depoimento concedido para Alessandra Ribeiro sobre o Jongo dos Guaianás de Guaianazes-SP em 24. mai. 2020.

RODRIGUES, Daniel Clayton Pedro. Depoimento concedido para Alessandra Ribeiro sobre o Jongo Tiduca de Cananéia-SP em 24. mai. 2020.

SILVA, Lucas. Depoimento concedido para Alessandra Ribeiro sobre o Jongo Dito Ribeiro de Campinas-SP em 24. mai. 2020.

SOL. Depoimento concedido para Alessandra Ribeiro sobre o Jongo de Embu das

Artes em 24. mai. 2020.

SOUZA, Laudení de. Depoimento concedido para Alessandra Ribeiro sobre o Jongo Mistura da Raça de São José dos Campos-SP em 24. mai. 2020.

TUIM, Marco. Depoimento concedido para Alessandra Ribeiro sobre o Jongo Zabele em 24. mai. 2020.

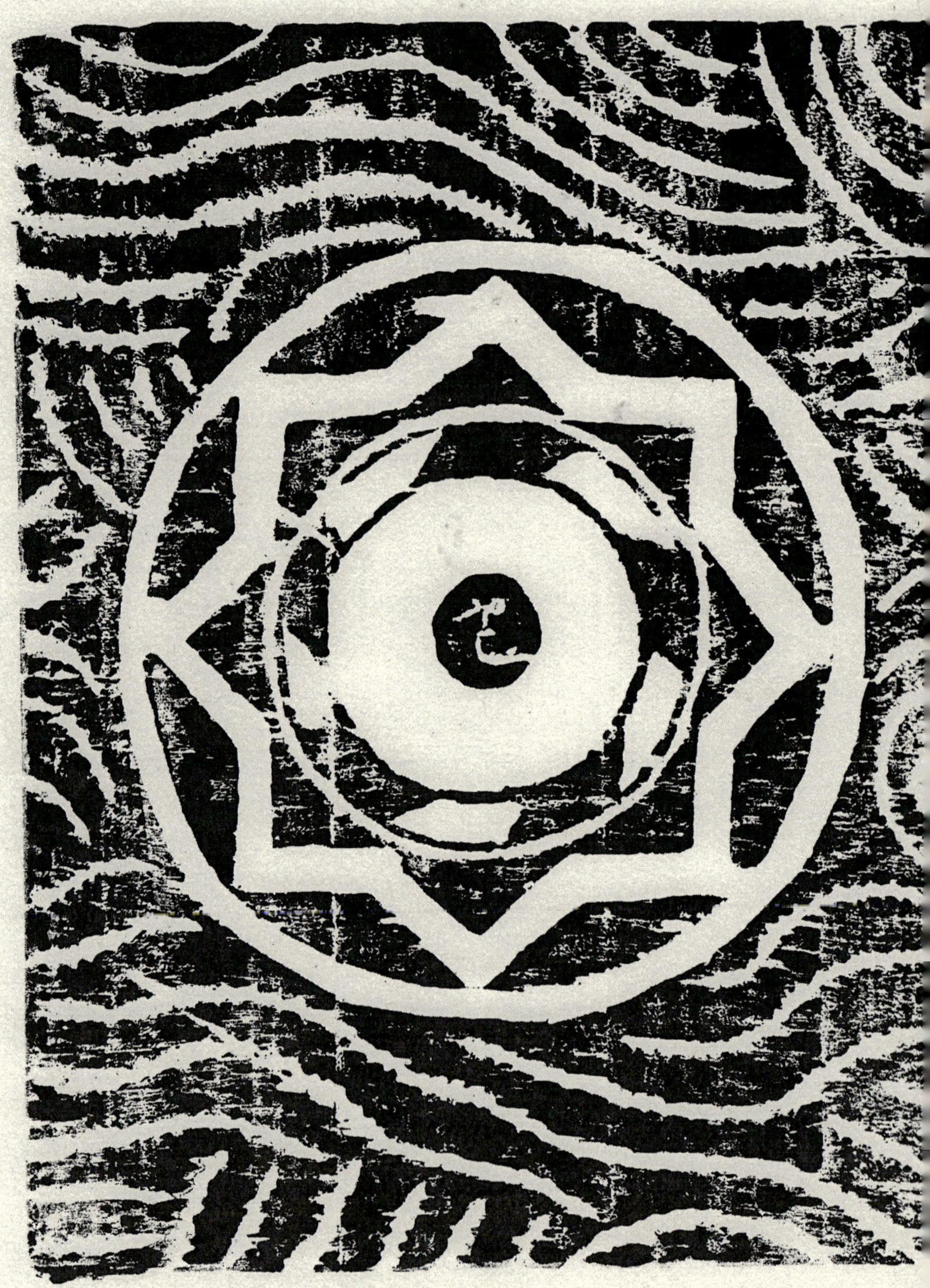

O SAMBA DE BUMBO

Rosa Liria Pires Sales
com a colaboração de Poliana Estevam

Corumbatá!? Corumbatá!?
Lambari mandou dizer,
Que Piaba tá chorando
Com saudades de você.
Salve o Ponto!

Dedico este capítulo às pessoas que me inspiram, que seguram a minha mão, que me orientam e que são razão de seguir em frente com essa missão, iluminando o meu caminho, sendo a luz onde quer que eu possa encontrar a escuridão. A Dona Ernestina Estevam, que gerou no seu colo, educou e nos presenteou a convivência da existência de Alceu José Estevam. A você, Meu Mino, "Amor igual Alceu eu nunca mais terei". E a nossos filhos, Poliana Sales Estevam, Alice Sales Estevam e seu tato, Nicolas Michel de Carvalho Estevam, sementes que ele plantou e que estamos regando para continuidade de bons frutos e novas sementes.

Introdução

Oi'n, minha Mãe me deu um surra,
com Cipó de Juquiri.
Eu chorei a noite inteira,
não deixei ninguém dormir.
Oi'n nos caminhos de São Paulo,
quem achar um lenço, é meu.

Bordado nas quatro pontas,
foi paulista quem'e deu.
Salve o Ponto!

O Samba de Bumbo sempre esteve ligado à trajetória de famílias e comunidades afrodescendentes de algumas cidades do interior paulista. É necessário destacar que ressalto essa manifestação produzida pelos detentores e seus mestres e mestras, agentes essenciais dessa manifestação enquanto identidade cultural. Entrarei em questões encontradas com a experiência e vivência acerca da preservação da memória e difusão das principais comunidades detentoras do Samba de Bumbo, com destaque para o Samba de Bumbo Campineiro Nestão Estevam, do qual hoje estou à frente, o Samba de Bumbo de Dona Aurora de Vinhedo, o Samba de Bumbo de Bom Jesus de Pirapora e Samba de Bumbo 13 de Maio de Cururuquara.

Apresentando-lhes as suas contribuições e a importância para a identidade e a cosmovisão negra paulista, principalmente da cidade de Campinas, identificando como esses grupos se mantêm, circulam, relacionam com outros atores socioculturais e principalmente como garantem a resistência e a resiliência da identidade da sua comunidade no cotidiano. Salve o Ponto!

Em uma cidade como Campinas, a última do país a libertar seus escravos, dar continuidade a uma manifestação tradicional afro-brasileira vinda de escravizados nunca foi nem será uma tarefa fácil. O negro é oprimido de seus costumes, crenças e tradições, e lhe é tirada sua identidade e história. O apagamento histórico é um grande aspecto desenvolvido por centenas de anos que o colonizador estabeleceu neste país e lutar contra essa opressão exige uma malandragem e inteligência para sobreviver nas suas brechas.

O Samba de Bumbo é uma manifestação de mais de 130 anos de circulação no estado de São Paulo com grande expressividade em cidades como Campinas, Pirapora de Bom Jesus, Tietê, Santana do Parnaíba, Salto, Vinhedo, Itu e São Paulo Capital, com diferentes nomes, a saber: Samba de Bumbo Campineiro, Samba de Pirapora, Samba Grosso, Samba Caipira, Samba Rural Paulista ou apenas Samba de Roda, como nossos mais velhos costumam falar. A figura principal desse samba é o Bumbo, pois tudo acontece ao seu redor. As sambadeiras fazem um bolo humano de frente pro Bumbo aonde são levadas pelo seu vai e vem ritmado pelo bumbeiro, que ao seu lado tem seus companheiros batuqueiros o acompanhando com as caixinhas, maracaxá e até outros Bumbos. É uma das principais manifestações paulistas, levando em consideração que o seu legado sociocultural são elementos catalisadores para a salvaguarda da memória e da identidade negra dos batuques e cantorias do estado, identificados em poucas comunidades e grupos que ainda mantêm vivo o Samba nos dias atuais.

Ele surgiu pelos afrodescendentes do oeste paulista e aos poucos migrou para as áreas urbanas, o que garantiu a sua continuidade até hoje. Acreditamos que o Bumbo seja a extensão do nosso umbigo, por esse motivo o reverenciamos e dançamos ao seu encontro. O bolo humano nos permitiu manter a transmissão oral por anos, onde os pontos salvados sempre ecoaram através das gerações, carregando em suas loas metáforas de ocorridos e memórias. O Samba de Bumbo é uma manifestação que percorre o tempo e suas gerações; há comunidades que estão em processo de despertar seu legado tradicional. Hoje, além das comunidades de tradição familiar como o Samba de Bumbo Nestão Estevam, de Dona Aurora, Bom Jesus de Pirapora, o Grupo 13 de Maio e o Samba de Bumbo de Itu (que está em seu processo de rememorar), temos o que nomeamos os "grupos contemporâneos", que surgiram nos dias atuais como forma de resistência política e salvaguarda de nossas manifestações.

Encruzilhadas

Nós viémos de Campinas
No tempo que o tempo deu,
Pra fazer Samba de Bumbo
Vamos rememorar Arceu.
(TC Silva)
Salve o Ponto!

Mas, antes de falarmos propriamente do Samba de Bumbo, vejo a necessidade de introduzir sob o meu olhar, lugar e posicionamento perante a manifestação uma forma de entendermos que cada comunidade se faz pelos seus indivíduos e caminhos traçados dentro da manifestação.

Falar de mim é entender que minha trajetória começa com meus antepassados que saíram da Bahia e do oeste do país e se encontram a caminho de Minas Gerais, onde minha mãe cresceu ouvindo que sua mãe foi índia "pega no laço", e que meu pai cresceu ouvindo dizer que nasceu em uma casa-grande onde sua mãe era empregada, e que quando ele nasceu foi registrado com o sobrenome do patrão Campos Sales.

Saíram de Minas Gerais e foram para o estado de São Paulo, eles sabiam que tinham uma missão de fazer um teto para seus filhos assim que chegassem.

Na cidade de São Paulo nasci e cresci em uma família com mais sete irmãos e agregados, sendo eu a quinta. Perdi meu pai aos sete anos; fomos criados pela minha mãe, mulher guerreira de fibra que cuidou dos filhos sendo empregada doméstica. Salve Mãe Ofélia, a bênção... Dona de si, autoritária e de poucas palavras, mas certeiras, cheia de espiritualidade, benzedeira e mateira, aprendizados herdados da criação de minha avó. De onde herdei minha força, espiritualidade, sabedoria de vida, as forças naturais, a sensibilidade, a observação, o saber ouvir, refletir e emitir opiniões. Sempre foi presente um número majoritário de mulheres em minha vida e meu aprendizado sempre se deu através delas.

Nos instalamos finalmente na cidade de Campinas por volta dos anos 80. Desde menina, sabia que minha vida seria rodeada de crianças e assim me formei no antigo Magistério com especialização em Pré-escola e comecei a lecionar aos dezessete anos. Ao completar cinco anos de magistério - e apaixonada pela profissão -, fiz graduação em Pedagogia. Mal sabia que este espaço seria o caminho de minha vida.

No Centro de Cultura e Arte – Museu Universitário conheci a Educação Patrimonial: preservação, identidade, memória, arte e cultura foram as experiências que fizeram parte do meu tema de Trabalho de Conclusão de Curso: "A preservação do Patrimônio Escolar". Terminando a monitoria, assumi o cargo nesta instituição como Assistente Técnica Cultural, me dedicando então a uma vida de alfabetização e preservação do Patrimônio Material e Imaterial. Ainda na minha formação, fiz Pós em Psicopedagogia e Educação e Extensão em Museografia.

Ainda enquanto monitora do Centro de Cultura e Arte - Museu Universitário tive a oportunidade de acompanhar e ministrar oficinas relacionadas a teatro, canto, dança, musicalização, linguística oferecidas para alunos e professores de escolas estaduais, municipais e particulares; para além das oficinas, também participei de exposições, pesquisas de campo, acervo e Projetos de Cultura Indígena, Tour Histórico, Brinquedos e Brincadeiras e o Projeto Afro.

Foi neste ambiente de efervescência que, no ano de 1986, conheci Alceu José Estevam, ator, músico, percussionista, atuante em movimentos negros; o destino nos apresentou. Alceu passa a coordenar o Projeto Afro e foi a partir desse projeto que com ele vivenciei o canto, a dança, a música de matriz africana e a cultura popular. Foi ele que me apresentou o Samba de Bumbo, como Bumbeiro herdeiro da tradição.

Juntos trabalhamos com a manifestação herdada pelos seus mais velhos, e ele me convidou para ajudá-lo a resgatar e, consequentemente, a acordar a sua herança. Alceu tinha a concepção da importância da preservação da tradição carregada pela sua família e sabia que retornar era o seu caminho a ser seguido.

A paixão, emoção, sentimentos que ele tinha a cada (re)descoberta... cada lembrança... a vontade de fazer voltar ao presente o seu passado, o reconstruir a sua história, os "de onde eu vim?" e "para onde eu vou?". Ser o criador da sua própria história. Esta foi uma das mais valiosas experiências que tive, rememorar para transgredir.

Sou eternamente grata!

Uma pessoa cheia de luz, destinada a fazer parte da construção desta trajetória: a redescoberta da sua existência e consequentemente a da minha.

Alceu ia para o campo das comunidades fazedoras do Samba a que ia quando criança com seus familiares, sendo facilmente reconhecido pelos mais velhos pela marcante presença e pela semelhança com seus parentes. Desta forma resgatou e registrou na memória as histórias acerca da manifestação e a alegria dos mais velhos em saber que o Samba seria acordado. Eu o ajudava na organização dos registros, pois a transmissão sempre era feita de forma oral, falas fortes e carregadas de lembranças. O rememorar, que às vezes ficava perdido nas suas memórias, os sentimentos envolvidos e os pensamentos, que depois eu o fazia relembrar para transcrever.

E é por isso que trago para este capítulo essas memórias e trajetórias feitas por nós. Foi por meio delas que aprendi e vivo o Samba. Foi por estar com Alceu que o Samba de Bumbo entrou na minha vida de forma tão profunda. E é a partir dessas vivências e desse contemporâneo que contarei a história do Samba Campineiro.

Alceu José Estevam veio de uma família tradicional do Samba de Bumbo Campineiro, em que seu avô Estevam Ernesto (Nestão) era o chefe de batalhão, que passou seu legado para seus filhos, Nestor Estevão, Agenor Estevam e Ernestina Estevam. Como reza a tradição, essa manifestação é transmitida de geração a geração, o sentimento de identidade e continuidade contribuindo para promover o respeito à diversidade cultural e à criatividade humana. Desta forma todo o aprendizado de Alceu José Estevam desde criança, em relação ao Samba de Bumbo, se deu inicialmente pela oralidade e também nas festas ocorridas tanto na cidade de Campinas, como em Pirapora de Bom Jesus e Vinhedo, ambas, cidades do estado de São Paulo, onde aprendeu a fazer e tocar todos os instrumentos de percussão, principalmente o Bumbo, as cantorias, a dança e as tradições acerca do Samba que em sua maioria era realizado, nos "terreiros", como os velhos falam, ou seja, nos quintais das casas das famílias.

Transcrevo aqui a linha genealógica da família de Alceu Estevam, que passou a tradição de geração para geração, para que melhor entendam como se deu essa herança familiar do Samba de Bumbo Campineiro Nestão Estevam, hoje reconhecido na Cidade de Campinas como Patrimônio Imaterial.

Graças a Ernestina Estevam eu posso lhes mostrar o caminho do nosso Samba de Bumbo, de nossos mestres e instrumentos. Hoje ela é nossa Matriarca que salvaguardou na memória e agora transmite no dia a dia toda a nossa história e "causos", cada frase que surgiu aqui foi consultada e confirmada por ela. Aqui fiz de mim uma transcritora de suas memórias.

Detentores

Quando eu chego no Samba de Nestão,
Quando eu chego no Samba de Nestão,
Vou pedir a sua bênção,
E a sua proteção
E eu peço licença pra cantar
E eu peço licença pra tocar
E eu peço licença pra dançar
E a Dona Ernestina, a tradição continuar.
Salve o Ponto!

ESTEVAM ERNESTO, avô de Alceu, Nascido em 03/08/1893, Filho de Brás Costa e Sabina Chave de Oliveira, negros escravizados pertencentes a uma fazenda de Valinhos, nasceu cinco anos após a abolição da escravidão no Brasil, herdando de seu pai a manifestação do Samba de Bumbo. Veio para a cidade de Campinas e na sua adolescência começou a trabalhar na Estação Mogiana. Ficou conhecido como Mestre Nestão, o chefe do batalhão do Samba de Bumbo de Campinas que teve seu auge na década de 20 - sendo até mesmo objeto de pesquisas e estudos de historiadores.

O Samba de Bumbo tem grande expressividade em Campinas graças a Estevam Ernesto, Mestre Nestão, que se tornou uma importante figura na história de Campinas como Mestre Bumbeiro. Ele utilizava as suas diversas posições adquiridas ao longo da vida para se movimentar e incentivar os diferentes grupos culturais populares, sociais e políticos da cidade, sendo considerado um Mestre militante que lutou pela preservação da sua manifestação tradicional familiar.

Ernestina Estevam conta que seu pai, o Mestre Nestão, manteve essa tradição por 38 anos, e que a cada ano confeccionava um Bumbo que era oferecido como presente a uma das famílias ou comunidades com as quais tinha maior contato – como a comunidade do Samba de Bumbo de Vinhedo de Dona Aurora. Os bumbos eram utilizados nos encontros que se davam muitas vezes em reuniões familiares (como batizados, casamentos ou aniversários que aconteciam nos terreiros de casa) e em festas tradicionais religiosas (como as festas juninas na cidade de Sousas, que comemorava São João; em Vinhedo, onde se comemorava São Pedro; em Valinhos, que comemorava Santo Antônio; em Pirapora, Bom Jesus de Pirapora e no povoado de Cururuquara em Santana de Parnaíba, São Benedito).

Ernesto Estevam (Nestão) começou a ter problemas de saúde, não podendo levar o Samba de Campinas, mas deu a permissão para levar o Bumbo Salomão de Estrela de Oito Pontas para realizar o Samba. Após passar por uma cirurgia de estômago, Mestre Nestão faz uma promessa a Bom Jesus de Pirapora, seu Santo devoto. Que durante sete anos faria o Samba, com o Bumbo Salomão e entregaria o Bumbo ao Santo Padroeiro.

Morreu aos 73 anos, após dois anos da promessa, deixando seu legado e a manifestação aos seus descendentes, futuros detentores.

O Grande Mestre do Samba de Bumbo Campineiro era popularmente conhecido como Mestre Nestão e é em sua homenagem que batizamos a comunidade, junto com o sobrenome do legado dado por ele.

NESTOR ESTEVAM, tio de Alceu, filho mais velho de Mestre Nestão e Luzia, nasceu dia 06/04/1924, época em que o Samba de Bumbo estava em seu ápice, reunindo diversos bumbeiros e seus familiares pelos bairros pretos de Campinas e região, e quando eram realizados os aguardados encontros de batalhões de bumbeiros que se reuniam festivamente.

Pela vivência dentro de casa, aos dezesseis anos Nestor começou a tocar o bumbo dentro das rodas de Samba, herdando de seu pai a manifestação. Crescer no meio da música lhe proporcionou aprender clarinete e saxofone, que, mais velho, começou a tocar nas noites de Campinas, em bailes carnavalescos e em clubes. Era muito conhecido na região e nas festas: carregava não só a manifestação da família à frente, mas também a preocupação de preservar a música tradicional de sua região.

Com a morte de seu pai, que falece no segundo ano da sua promessa de levar o Samba com o Bumbo Salomão a Bom Jesus de Pirapora por sete anos, seu Nestor assumiu a responsabilidade de continuar a missão de levar o batalhão anualmente para a cidade, em nome de seu pai e de seu legado. No sétimo ano, o Bumbo de Nestão, Salomão, foi entregue à igreja do santo, finalizando a promessa.

Seguindo as palavras de seu pai, que lhe passou a manifestação para que levasse o Samba adiante, fabricou um novo Bumbo, o batizando como Azulão, juntamente aos bumbeiros de Vinhedo, que fizeram o Estrela Guia e em seguida o Trovão. Seus atos sempre foram observados pelo seu sobrinho, Alceu Estevam, filho de sua irmã do meio, que ouviu de seu avô que a manifestação também iria ser cuidada por ele.

Nestor também ficou conhecido como "Nestão filho" e tocou o Bumbo até onde sua saúde lhe permitiu. Quando não mais, o Azulão é adormecido, e fica guardado sob a vigia de seus irmãos mais novos, Ernestina e Agenor Estevam, no aguardo da hora de outro mestre da família assumir a manifestação.

Nestor se encanta em 27/04/1999.

AGENOR ESTEVAM, tio de Alceu, filho do meio de Mestre Nestão e Luzia, nasceu dia 20/02/1933; junto com o pai e seus irmãos, participava das reuniões dos encontros de batalhões que se reuniam festivamente. Sua participação era de observador e guardião da manifestação, seu olhar estava sempre atento na preservação e na memória da tradição. Desenvolveu a profissão de marceneiro, estando mais envolvido na construção do instrumento Bumbo e na sua preservação e manutenção. Após a morte de seu irmão Nestão, teve um papel importante em manter o Bumbo azulão conservado, até que este retornasse para as mãos de seu sobrinho Alceu, filho de sua irmã mais nova, Ernestina

Estevam, sempre com a missão de guardião e com o olhar do cuidado com o instrumento e a sua manutenção. Encantou-se em 17/11/2011, mas já com a certeza e a convicção de que a tradição estava sendo mantida e sendo levada adiante por seu sobrinho.

ERNESTINA ESTEVAM é a força da representatividade da mulher que detém e salvaguarda o ancestral de sua tradição. Nascida em Campinas no dia 03/03/31, a filha caçula de Estevam Ernesto e Luiza é mãe de Alceu José Estevam. Cresce de olhos atentos nas manifestações tradicionais de sua família realizadas em aniversários de parentes, casamentos, batizados e festas religiosas onde os bumbeiros sempre se reuniam para comemorar suas festividades.

Dona Tina presenciou junto com seus irmãos o Samba de Bumbo no seu auge, quando feito por seu pai, e mais tarde com seu filho Alceu José Estevam, e cumpriu, junto de seu irmão, a promessa feita por seu pai, Estevam Ernesto, entregando o Bumbo Salomão à igreja de Bom Jesus de Pirapora.

Para que a manifestação tivesse continuidade, viu o fazer do Bumbo Azulão pelo seu Irmão Nestão e Tio Toco, e posteriormente o fazer dos Bumbos Estrela Guia e Trovão de Samba de Dona Aurora de Vinhedo. Acompanhou o processo de adormecimento da manifestação após seu irmão mais velho, Nestor, adoecer e vir a falecer; assim como presenciou seu filho único resgatar o Samba de Bumbo Campineiro, guiando-o no processo de salvaguarda da tradição no município. Hoje Dona Ernestina acompanha com olhar atento o reconhecimento da manifestação enquanto patrimônio imaterial, solicitação essa feita pelo seu filho, na continuidade e na permissão para que eu, Rosa, possa dar prosseguimento à tradição para as futuras gerações, Nicolas, Poliana e Alice, seus netos.

Foi a figura feminina que guardou na memória todo o legado tradicional da família. Matriarca do Samba de Bumbo Campineiro Nestão Estevam! É no seu olhar, respeito e sabedoria que se abrem caminhos para que o Samba de Bumbo de sua família continue passando pelas gerações futuras.

ALCEU JOSÉ ESTEVAM, músico percussionista, ator, produtor cultural, mestre da cultura popular, bumbeiro herdeiro da tradição e manifestação do Samba de Bumbo Campineiro. Filho de Ernestina Estevam, nasceu no dia 20/06/1959. Após dez anos de relacionamento de trabalho, amizade, trocas, eu demorei a entender que havia algo mais profundo nesse nosso encontro.

Alceu da vida, da liberdade, de uma estrada sem fim, sempre na busca de novos horizontes, livre e destemido. Lembrei-me de uma frase que Raquel Trindade dizia a ele com carinho: "Você é doido". E foi com Raquel também que comecei a entender que do destino eu não conseguiria fugir, quando ela vinha a nós e dizia: "Essa menina de sardas que vai te colocar no eixo". Mais tarde, fui entender que Alceu era uma pedra preciosa, que precisava ser lapidada. Sábias palavras dos meus mais velhos, as entrelinhas que só com a vivência é que passamos a entender.

Lembro-me de que, quando fui apresentá-lo à minha família, Alceu dizia: "eu gosto da sua filha, mas ela não me dá bola" e minha mãe sempre direta nas palavras lhe respondeu com: "Uns gostam dos olhos e outros da remela" ou com "Quando come a carne rói o osso". Com o relacionamento ficando mais sério, ela dizia: "amigado com fé, casado é", compreendemos que mesmo não fazendo juramentos matrimoniais, seria a união na alegria e na tristeza, na saúde e na doença e até que a morte nos separe. A cerimônia de nosso casamento já estava sendo feita sem nós nos darmos conta, com as bênçãos de nossos mais velhos.

Em um almoço de família, já grávida da Poliana, lembro as falas do Tio Nestor para Dona Tina: "Essa menina não é brincadeira, ela que vai segurar a sua onda, é de família, seja capaz de nas diferenças estar no degrau onde você a alcance e ela possa te alcançar, tem que ter respeito". Dona Tina completou: "Nunca deixei alguém me chamar de avó, que até então não tinha netos, agora eu sei que meus netos estão por vir, depois que eles me chamarem de vó, aí, sim, darei a benção aos outros enquanto avó".

Nesse momento ainda não consigo falar de Alceu e Rosa, da parceria de longa vida, as lembranças vêm à tona carregadas de saudades, o nó na garganta e a lágrima nos olhos; só consigo dizer que quem encontrou a sua cara metade e amou intensamente sabe a dor da perda, e a falta que faz, é o coração faltando um pedaço, na espera do momento de reencontrar essa parte. Pois aqui neste plano é vida que segue e é assim que tento seguir, porque o elo que nos uniu está muito além dessa geração, está no plano ancestral. E assim tento seguir a missão, e aceitar esse presente que me foi dado, pois eu sei que nos momentos difíceis é desse lugar que vem a luz que me ilumina e olha por mim e os meus.

Agradecimento e a bênção dos meus Ancestrais.

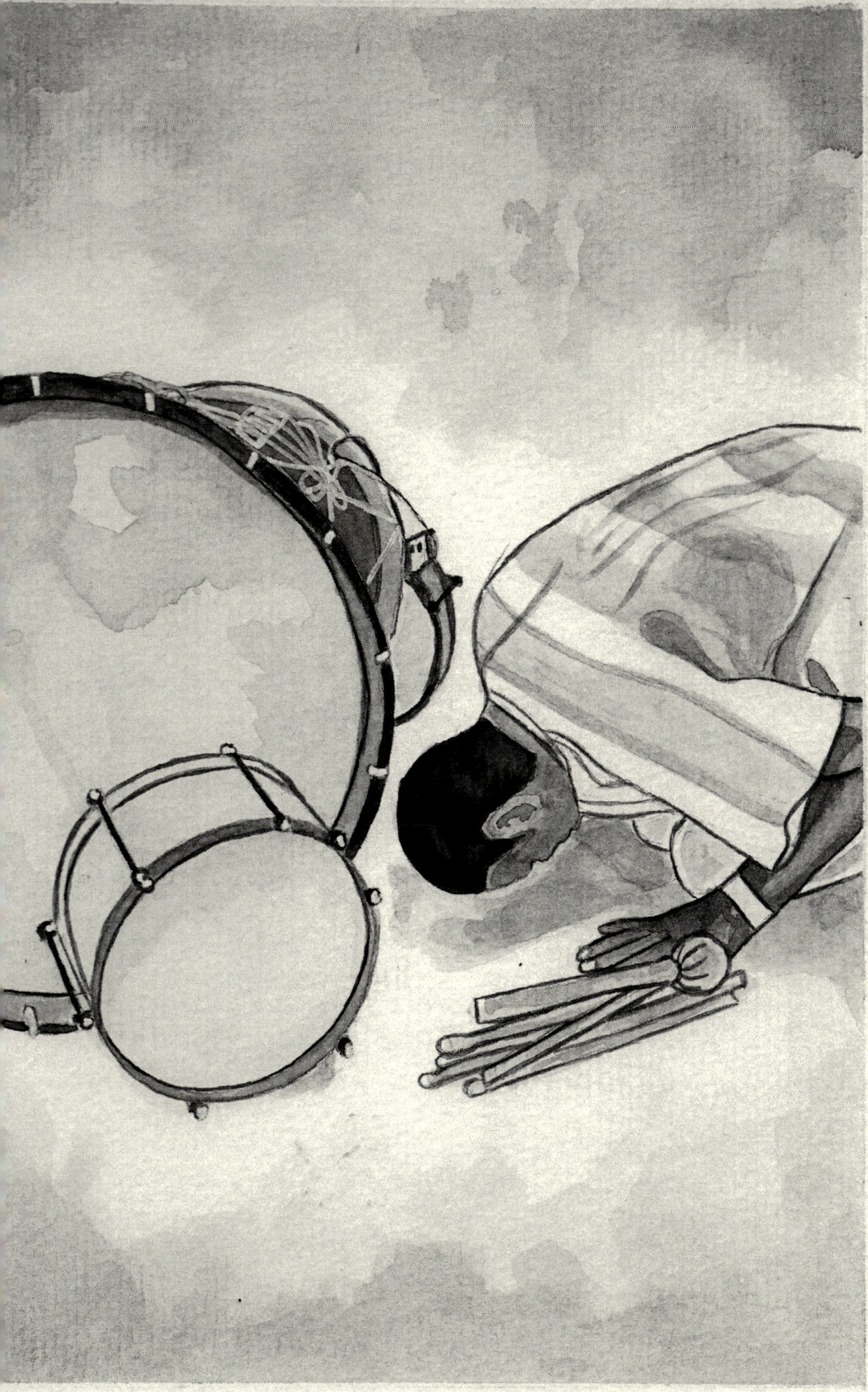

Família, amigos e nossa quebrada

Bumbeiro bom
trago comigo.
É no cordão
do meu umbigo.
Salve o Ponto!

Dessa união geramos duas filhas, Poliana e Alice. De outro relacionamento de Alceu veio o Nicolas. Ele e Poliana têm cinco meses de diferença e nunca deixamos que crescessem separados, pois estavam unidos pelo laço paterno que sempre foi presente em suas criações; mesmo sendo de mães diferentes a irmandade prevalece.

Com a morte de Alceu, me vi assumindo o legado, com o intuito que essa manifestação não adormecesse, dando continuidade até chegar aos meus mais novos para darem sequência a essa caminhada.

O processo de tornar a nossa manifestação Patrimônio Cultural da cidade de Campinas aconteceu em meio a turbulências de acontecimentos, sentimentos e atropelamentos. O ano de 2018 foi muito difícil em todos os cantos! Foi ano eleitoral, período em que para todos os lados havia grandes tensões e atritos, foi ano em que grandes mestres bumbeiros do Samba de Bumbo se foram (Tio Ramirinho, Tio Luiz, Tio Agenor do Samba de Dona Aurora); cada mês que passava era uma notícia mais triste que a outra, nossos mais velhos do samba se indo, a morte de amigos de caminhadas – Salve Malungueiros – que sempre lutaram do nosso lado mostrando outros horizontes (o nosso horizonte). Inclusive nosso saudoso Alceu.

Percebemos que alguma onda estranha estava passando por nós e nos calamos quando nossa Kambinda Raquel Trindade se encantou, que dia triste para os discípulos da família Trindade. A dor de perder uma mestra que fez parte da sua criação estava estampada na cara de todos, inclusive na de Alceu, que documentava o cortejo em homenagem à sua grande mestra amiga. Dois meses depois, Alceu também se encantou.

Nos deixou em meio ao processo de solicitação do Registro de Patrimônio Imaterial do Samba de Bumbo Campineiro, em 18 de junho de 2018. Seguem as palavras publicadas por Alceu na construção do Dossiê para o reconhecimento da manifestação.

Eu venho de família tradicional do Samba de Bumbo Campineiro, onde o meu avô Estevam Ernesto (Nestão) era o chefe de batalhão, que passou para o meu Tio Nestor Estevão e para a minha mãe Ernestina Estevam. Todo o meu aprendizado em relação ao Samba de Bumbo, se deu inicialmente através da oralidade e também nas festas ocorridas tanto na cidade de Campinas, como em Pirapora de Bom Jesus, ambas, cidades do estado de São Paulo, onde aprendi a prática de tocar todos os instrumentos de percussão, cantoria e dança dessa manifestação. Em 1988, eu comecei a desenvolver o Samba de Bumbo dentro de um grupo de cultura popular cujo nome é Urucungos, Puítas e Quijengues, na cidade de Campinas, o objetivo de preservar e difundir essa manifestação, ensinando todos os integrantes desse grupo, o desenvolvimento do Samba de Bumbo, entre cantorias, danças e os batuques. A posterior resgatei dois bumbo, um com quase noventa anos, pertencente aos antigos mestres sambaquieiros e sambadeiras. Apesar de o grupo ter outras danças, ele se tornou mais conhecido por causa do Samba de Bumbo, por ser uma manifestação típica de Campinas e região. Durante esse período, descobri entre os mais velhos desse grupo que já tinham conhecimento dessa manifestação e assim eu e minha companheira Rosa, fizemos outros projetos como "As Matriarcas do Samba de Bumbo", que é documentário. (Alceu José Estevam)

O nosso luto durou um mês. Os Bumbos foram resguardados, as saias pararam de rodar, não houve cantos e pontos... o Samba não aconteceu. Nós nos unimos na casa da Matriarca Dona Tina para entender a partida, esse matriarcado que ele deixou; eu, Tina, Poliana e Alice, por sete dias não respiramos outros ares, a dor da perda é imensa, ainda é difícil entender a falta desse filho, companheiro, pai, cunhado, tio e padrinho. O Alceu família, que reunia os parentes e amigos mais próximos nos finais de semana em nossa casa para juntar panelas e fazer a nossa roda de samba, a casa estava sempre cheia.

Nesse tempo de luto muitos vieram nos ver e expressar suas condolências e, por mais que Alceu representasse múltiplos sentimentos em muitos, ninguém fez nada além de abrir um sorriso ou cair em gargalhada ao lembrarmos de seus feitos e palavras. Houve várias homenagens, em nem todas pudemos estar presentes, mas agradeço a todos que fizeram; elas foram feitas em apresentações dos grupos culturais, em reuniões políticas, nas redes sociais, em jornais e até nas padarias em que Alceu sempre se fez presente para as prosas da tarde.

Tivemos os colos da família, parentes e amigos, o reconhecimento das comunidades, como a da Região do Campo Grande onde moramos e leciono, a do Samba de Bumbo, e de toda a cidade de Campinas. Reconhecimentos estes de trabalhos desenvolvidos para o próprio reconhecimento das pessoas envolvidas enquanto fazedores da sua própria história, o empoderamento das suas culturas e identidades, o incentivo de fazer o mundo mais tolerante nas suas diversidades culturais.

A Região do Campo Grande foi aonde levamos o Ponto de Cultura, "Nos Caminhos de São Paulo" em 2005. Com a missão de pesquisar e divulgar as manifestações do "Samba Lenço Rural Paulista" e "Samba de Bumbo Campineiro", importante matriz do Samba Paulista, o projeto foi realizado e coordenado por Alceu. As ações do Ponto de Cultura eram desenvolvidas com grande intensidade nos bairros Residencial Cosmo e Jardim Florence, integrando culturalmente os moradores dessa região, enaltecendo seus valores culturais e interagindo com eles, evidenciando suas contribuições para a cultura brasileira, criando interlocuções com as instituições educacionais, escolas públicas, entidades filantrópicas e movimentos sociais, eliminando gradativamente pré-conceitos, além de democratizar oportunidades.

No Ponto de Cultura exerci o cargo de coordenadora pedagógica desenvolvendo as ações voltadas para uma pedagogia baseada na cultura popular, onde os elementos da educação formal se unem com as tradições dos valores culturais regionais, valorizando as iniciativas e as ações experimentadas nas comunidades. Desta forma percebi que através dos estudos e pesquisas sobre o Samba de Bumbo Campineiro e os Sambas Rurais Paulistas como um todo, poderíamos colaborar para a construção de um conhecimento mais reflexivo e sensível. Durante esse período, formamos agentes multiplicadores e trabalhamos com três ações para ilustrar as comunicações dos trabalhos e para atender as linguagens mais acessíveis à população: "Pirraça", um projeto para crianças do 1º ao 5º ano com ações de formação e programações de atividades lúdicas da cultura popular, com o objetivo de formar futuros protagonistas do conhecimento da cultura e realidade brasileira. "Estou na Área", para jovens e adolescentes, para formar agentes multiplicadores de ações articuladas entre a cultura e oportunidades. "Das Antigas", voltado a pessoas adultas e idosas para estimular e incluir essas pessoas em atividades culturais como protagonistas das suas ações, através da sua transmissão cultural: os agentes dos saberes.

Há uma frase dita pelo Alceu muito reconhecida pela comunidade: "Após a Bandeirantes há uma Campinas empoderada, com grandes multiplicadores culturais, aqui tem gente que faz, esses agentes fazedores precisam ser reconhecidos".

Tenho uma gratidão enorme a essa comunidade pelo reconhecimento ao encaminhar uma solicitação aos órgãos públicos para que o espaço CEU no Jardim Florence recebesse o nome de Alceu. Assim, no dia 19 de setembro de 2018, por meio da Lei Municipal N.º 15.670, o equipamento passou a se chamar Centro de Artes e Esportes Unificados CEU "Mestre Alceu". Essa luta foi de Lucas Soares, presidente do Instituto Anelo, que hoje recebe centenas de crianças e adultos para o mundo musical. Seu reconhecimento é fruto de nossa parceria no olhar e no fazer pela comunidade, trazendo cultura, arte e música em todos os nossos encontros. Deixo aqui suas palavras sobre esse processo:

O que me tocou.

Primeiro como vejo o Alceu, o Alceu um maluco, mas um maluco do bem, uma pessoa de um grande coração, um maluco assim que, além de se empoderar, empoderava as pessoas, em especial os negros, em especial a sua quebrada, em especial o Jardim Florence, toda vez que eu fazia alguma coisa assim e que ele achava interessante, eu tinha sorte que a maioria das coisas ele achava interessante, ele colocava nas postagens que eu fazia, "Essa é a minha quebrada com muito orgulho". Então eu só quis indicá-lo mostrando que esse orgulho é recíproco, que o Alceu sempre foi essa figura assim incrível que estou chovendo no molhado falando, mas é o meu pensamento. Estou sendo repetitivo, mas era isso assim.

Então a hora que estava naquele momento triste, (dia do sepultamento de Alceu) estava do lado do Prince, e falei Prince eu acho que, poxa, me veio uma ideia eu vou sugerir, o que você acha? Sugerimos para Secretaria de Cultura de Campinas para colocar o nome do Alceu no CEU, porque o Alceu está no Céu, então acho que faz todo o sentido. E o Prince ficou todo arrepiado, emocionado e aí que veio essa sugestão. Rapidamente fiz o contato com o Ney Carrasco, Secretário de Cultura, também com a Veridiana Weinlich, Diretora Cultural na época, e também falei com Gabriel Rampazzi, que tinha saído da Diretoria de Cultura de Campinas, mas super ligado à Cultura, que estavam presentes neste dia, e as coisas foram acontecendo, eu acho que surgiu uma corrente do bem, que as outras pessoas se envolveram. Longe de mim querer ficar com o mérito de alguma coisa, o importante é ter essa ligação que tenho, com você, com as meninas e com o Prince. É isso, sempre olhei o Alceu como uma figura muito empoderada, uma figura que não abaixava a cabeça, não de uma forma arrogante, mas de uma forma assim somos iguais mesmos com as nossas diferenças. O Alceu um cara grande em todos os sentidos, de um bom papo, de um sorriso fácil, ao mesmo tempo um cara briguento, pelas coisas que ele acreditava e defendia, é tão forte como se ele estivesse aqui, é uma coisa linda, emociona um pouco falar de Alceu, onde esse malucão estiver vendo ele... Nossa, o quanto ele era Maluco Beleza, ele se convidava de uma forma muita carinhosa para fazer as coisas". (Lucas Soares) - Encerra me mandando um registro.

Me vem à lembrança umas das brincadeiras de Alceu que dizia: "Quando eu morrer vou virar nome de rua". E eu respondia: "Só se for viela, rua sem saída"... Pois é, meu eterno companheiro, hoje o CEU ganha seu nome.

Patrimonialização

Logo em seguida, veio a finalização da patrimonialização do Samba de Bumbo Campineiro, processo esse que teve início no primeiro semestre de 2017, quando Alceu fez o pedido de registro no livro das formas de expressão do bem cultural de Campinas, como patrimônio cultural imaterial, registrado pelo CONDEPACC, e logo em seguida o pedido de um espaço para a criação de um Centro de Memória e Referência do Samba de Bumbo Campineiro.

O colegiado aprovou a solicitação de instauração de processo administrativo de registro em 14 de dezembro de 2017, e, a partir daí, Alceu começou a fazer os seus levantamentos para o inventário, preparando o Dossiê para defesa de seu legado enquanto esperava a aguardada publicação no diário oficial da cidade.

Alceu encantou-se no dia 18 de junho, e recebemos a notícia de que a instauração do registro do Samba de Bumbo Campineiro tinha sido aprovada dois dias após seu falecimento, dia de seu aniversário, 20 de junho de 2018.

Alceu nos deixou em meio às festas juninas, comemoração dos santos padroeiros, encontros das Comunidades do Samba de Bumbo, dos arraiais dos grupos culturais e mês de seu aniversário. A sua despedida foi intensa, uma grande festa, uma grande representatividade das comunidades, família, amigos, grupos culturais, partidos políticos, religiosos, cortejo do Samba de Bumbo, dos amigos Bumbeiros

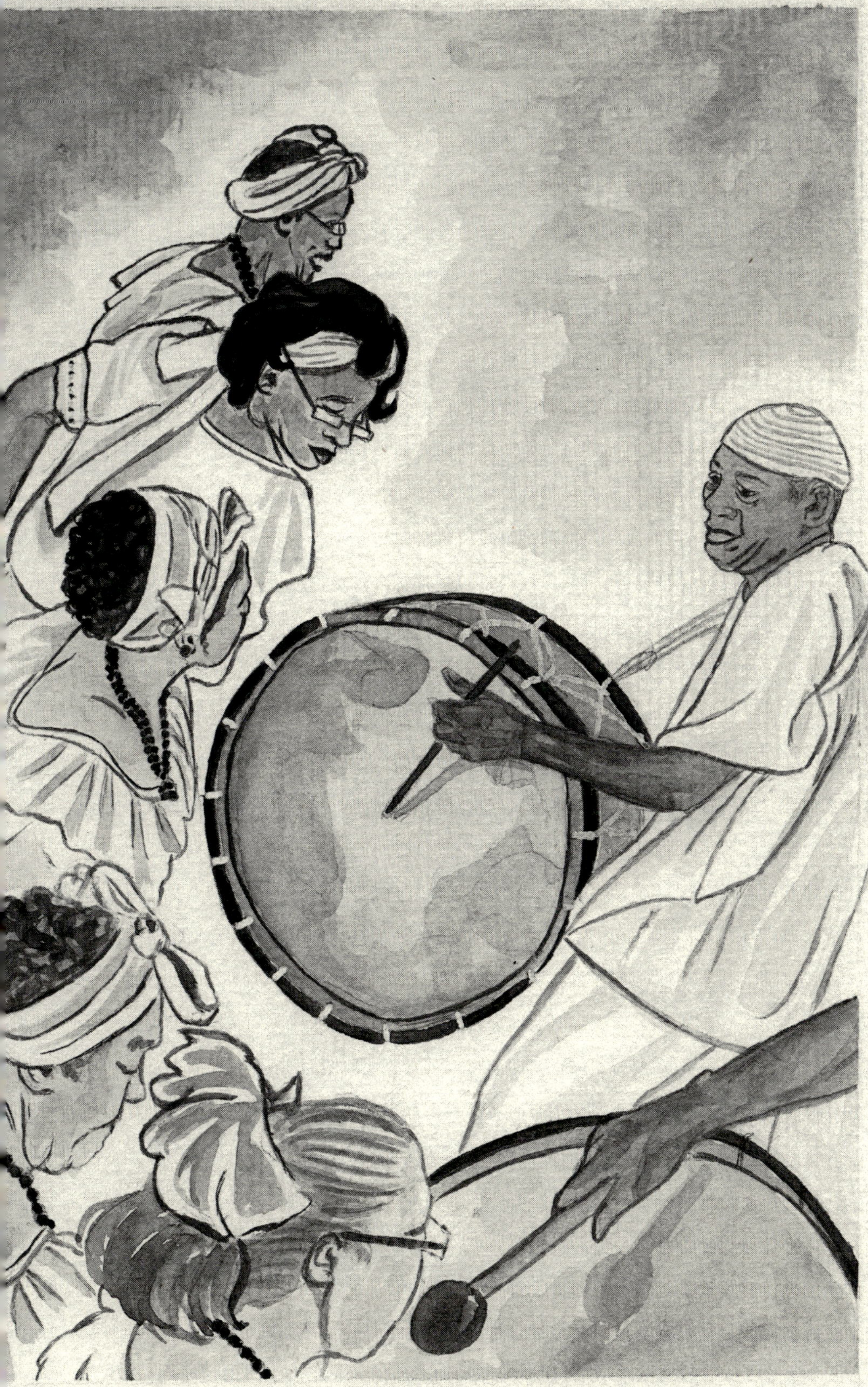

e Sambadeiras que vieram se despedir deste tão amado mestre. E a sua chegada a Orum, tenho certeza, foi recebida em uma outra grande festa, com encontro aos seus batuqueiros, mestres e sua Kambinda Raquel Trindade.

Com a notícia de que o nosso samba estava no processo final de se tornar patrimônio, fui consultada pela Secretaria de Cultura de Campinas sobre se queria levar adiante o registro de patrimônio, em meio a essa turbulência.

Houve muitas conversas familiares e consultas com a nossa Matriarca Ernestina, detentora da tradição e do legado; falamos sobre como não podíamos adormecer o Samba novamente correndo o risco de ele não ser acordado futuramente (apesar de acreditarmos no ciclo dentro da nossa manifestação). Dona Tina me permitiu e autorizou a assumir o legado de detentora Mestra do Samba Nestão Estevam, pois me fez enxergar que eu não poderia fugir da minha missão, que esta era a minha vez de cuidar da tradição para minha próxima geração, que neste momento a tradição da manifestação do Samba de Bumbo Nestão Estevam estava na mão de mulheres, que eu representaria essa força para cuidar do Samba e que ela, nossa matriarca, estaria comigo e com os meus, nos guardando, nos orientando, nos abençoando e seguindo a Tradição.

Segue o Ponto de desafio de Dona Tina:

Eu vou para o Samba de Bumbo, eu vou
Eu vou com a minha saia rodada, eu vou
Se a Rosa não quiser ir, eu vou só
Eu vou só,
Eu vou só
Salve o Ponto!

E o meu Ponto em resposta ao desafio:

Eu vou pro Samba de Bumbo Nestão
Com a calça e saia rodada eu vou
No Samba de Bumbo Nestão não estou só,
Não estou só,
Não estou só
Salve o Ponto!

Aceitei dar continuidade ao processo de patrimonialização do Samba de Bumbo Campineiro Nestão Estevam, mas ainda não tinha condições de fazer a defesa. Ao rever todos os registros e anotações que Alceu havia deixado, encaminhei os materiais à coordenadoria setorial do Patrimônio Cultural aos cuidados de Marcela Moretti, que fez a explanação e a defesa do Patrimônio. Pedido aprovado por unanimidade pelos membros do Conselho no dia 22 de novembro de 2018.

Foi com esse sentimento de respiro que tentei me organizar perante tanta perda, as lembranças de Alceu que ficaram, os desejos, intenções, sonhos que sonhamos juntos, planos de vidas. Rever seus registros, rascunhos, anotações produzidas por ele, por mim e por nós nessa nossa caminhada, parceria de tudo aquilo que construímos na nossa história, foi o momento de juntar forças para continuar com a missão que os meus mais velhos, meus mestres, me deixaram.

Precisei rememorar, voltar à minha essência para entender o meu existir, o lapidar a pedra preciosa, nossa caminhada, nossa cumplicidade, o nosso existir, e agora o nosso legado.

"É... Vida que segue".

Foi então que entendi o rumo de toda a minha caminhada feita até agora dentro da tradição, que a minha preparação já estava sendo feita ao longo da minha caminhada com Alceu na manifestação, desde quando me foi permitido fazer com Alceu o resgate da sua história que agora seria minha também.

Foi na inspiração, referência e força, espiritualidade e iluminação de uma guerreira Ernestina Estevam, uma sábia que, mesmo com a perda de seu filho único, cavou forças para enfrentar e levantar todas as memórias e lembranças, que tanto doíam em nossos corações. Sentimentos esses de muita saudade e angústia, é o banzo que a gente não consegue explicar, mas que vem carregado de sabedoria que só o tempo com as vivências pode explicar.

Uma mãe, que muitas vezes abriu mão do convívio do filho para que ele pudesse ser da comunidade. Muitas vezes abriu mão de seus caprichos para fazer o dele, pois o que queria era que ele fosse feliz seguindo seu legado. Uma avó sempre presente na criação e conforto de seus netos. Mais que uma sogra amiga, uma companheira! Assumindo também papel de mãe, que sempre me afirmou que eu também era sua filha, agora mais ainda, me dizendo: "Bora tocar o barco e se não me obedecer, vou pedir licença a Dona Ofélia e te dá uns 'presta atenção', pois eu sei que ela está fazendo isso com Alceu".

Enquanto mãe, preparamos nossos filhos para nossa partida, mas não estamos preparadas para a partida dos nossos filhos. Essa é a força que me conduz, dessa guerreira e sábia um espelho de vida de luta e resistência à filosofia de uma Griô, mestra, matriarca.

Sempre e eternamente sua bênção!

Salve! Minha Matriarca Ernestina.

Foi através dessa força materna que rememorei para transgredir.

Sankofa: rememorar para transgredir

Transgredi nas palavras acima as vivências e as conversas e agora relatarei aqui o que vivenciei, a Manifestação do Samba de Bumbo Nestão Estevam e como se deu meu aprendizado.

Vivenciei as conversas com seus tios Nestão Bumbeiro e Agenor – guardião da manifestação – e com sua mãe, Ernestina – guardiã e matriarca da manifestação. Eu estava ao lado de Alceu quando ele estava ouvindo e consultando seus mais velhos. Fui autorizada pela família a participar da transmissão do legado, no sagrado, nas bênçãos, na transmissão pela oralidade, incumbida de cuidar da tradição, não deixando que se perdessem das suas raízes. Vivenciei a recuperação da caixinha, chocalho/maracaxá, zabumba, depois o Bumbo, no sagrado, as bênçãos, os toques dos instrumentos e dos pontos antigos e suas mensagens, a transmissão feita de forma oral e em rodas de conversa.

No rememorar dos toques, os batuques eram feitos na batida das pernas e depois passados para a caixinha e sempre cantando um ponto para acompanhar:

Toca esse caixa direito, menino,
Pro samba sair perfeito
Toca esse caixa direito, menino,
Pro samba sair perfeito
O toque da caixa:
piquipi, piquipi, piquipi, piquipi

Logo aparecia dona Tina, com a mãozinha para cima, fazendo o arrastar dos pés, já cantando a melodia e me chamando: "é assim que as sambadeiras faz, vai para frente e vem pra trás, dá uma rodadinha e segue".

Eu: - Mulher não toca?

Dona Tina: - Precisa falar? A gente quer samba, deixa que eles fazem isso. Em Vinhedo as mulheres tocam, mas lá tem mais gente. Aqui só tem eu.

Tio Nestão: - Aí, Arceu, a menina querendo tocá, dá o maracaxá para ela, vê se ela segura a batida. E soltava sorrisos zombeiros.

O aprendizado foi mais uma vez na pronúncia: "segura com as duas mão e joga o maracaxá para baixo, fazendo esse som: xeque-xeque-xeque".

O maracaxá pertencia ao avô de Alceu e até hoje está no Samba, foi feito junto com o Bumbo Salomão.

O Bumbo Azulão, feito pelo Tio Nestor, estava adormecido... precisava restaurá-lo, eram feitos os toques do Bumbo na Zabumba.

Eles me diziam que os cantos eram chamados de Ponto: "esses pontos são de demanda, desafio, presta atenção que são feitos na hora, geralmente por aqueles que têm mais facilidade de compreender a situação e mandar a mensagem".

Foi desta forma que resistimos, e encontramos um modo de organização. Contam que dançar no bolo humano faz a informação chegar a todos.

Assim, com Alceu e seus mais velhos fui aprendendo; me lembro das broncas, dos puxões de orelha, dos 'presta atenção' e das histórias contadas por eles, da iniciação de Alceu na manifestação, do dia do seu batizado com o samba comendo solto, dele ainda pequeno indo a Pirapora com seu Tio, a entrega do Bumbo Salomão de seu Avô ao terminar a promessa, a confecção do Bumbo Azulão pelo seu Tio Nestor e Tatão (amigo de seu Avô Nestão). O adormecer do Bumbo Azulão e depois o acordar nas mãos de Alceu, que não só acorda a manifestação na sua tradição familiar, ele também traz a manifestação de outras famílias detentoras, que pelo mesmo motivo de perda de seus Mestres Bumbeiros e referência haviam adormecido.

Samba de Bumbo de Pirapora

Lembro das visitas a Bom Jesus de Pirapora, conhecida como o Berço do Samba Paulista, onde a princípio íamos para procurar alguns vestígios do Bumbo Salomão, que tínha sido entregue a Bom Jesus. Nessas visitas conheci Dona Esther, salve Mestra Maria Esther de Camargo Lara! No final da década de 40 e início das décadas de 50, ela criou o Grupo de Samba de Bumbo em Pirapora, mas, antes desse feito, ela contava que seu pai a proibia de ir dançar, finalizando a história dizendo que o Samba chama qualquer um para dançar e que essa gente preta que lhe ensinou a sambar. Essa matriarca que era muito religiosa e fazia suas rezas e benzimentos, ganhou o título de embaixadora do Samba de Pirapora e se manteve firme e forte até os últimos dias de sua vida. Encantou-se em 2017, aos 93 anos. Entretanto, durante nossas idas, não conseguimos encontrar o Bumbo Salomão, mas fortalecemos mais uma liderança, passamos a realizar a manifestação no dia 6 de agosto em Bom Jesus.

A cidade é conhecida como o Berço do Samba Paulista, mas o samba não nasceu em Bom Jesus, ele foi sim o celeiro que alimentou e agregou os batuqueiros e sambadeiras para realizarem as suas festividades. Dona Tina conta que seu pai quando mais jovem, nas décadas de 1910 e 1920, ainda solteiro, organizava as romarias para a cidade de Bom Jesus de Pirapora em devoção ao seu Santo Padroeiro. Ele dizia que os negros encontraram uma imagem do Bom Jesus às margens do Rio Tietê, e muitos pedidos feitos para o Santo foram alcançados. Dona Tina diz que seu pai, mestre do batalhão, organizava as romarias para a cidade de Bom Jesus e que na maioria das vezes esperavam o Bumbo de Campinas chegar aos barracões para começar o Samba.

Os barracões eram o lugar onde os negros se reuniam para formar suas rodas, encontrar os irmãos e fazer o Samba. Eles vinham principalmente de Campinas, Tietê, Santana do Parnaíba, Salto, Vinhedo, Itu e São Paulo capital, sempre no dia 6 de agosto, data em que foi encontrada a imagem.

Por conta dessa devoção, Ernesto Estevam faz promessa de entregar seu Bumbo Salomão.

A seguir, trago a vocês um pouco das histórias de cada comunidade tradicional do Samba de Bumbo com que o Batalhão Nestão Estevam teve e manteve histórias em comunhão na caminhada e resistência durantes esses anos no interior paulista. São essas trajetórias que nos permitem sermos o que somos e seguirmos nossos caminhos e tradições com a força dos nossos antepassados.

Samba de Dona Aurora de Vinhedo

A ligação que essa Comunidade tem com a do Samba de Bumbo Campineiro Nestão Estevam se dá através de seus mestres, Nestão e Dona Aurora, nascida segundo ela mesma em 1891; porém, conforme dados documentais, nasceu em 1899, em Rocinha, conhecida hoje como Vinhedo. Religiosos rezavam terços, faziam benzimentos, saudavam seus santos padroeiros, Santo Antônio, São Pedro e São João, realizando tradicional levante do mastro que era cravado na frente de suas casas, comemoração antecedida por rezas do terço e procissão em louvor aos santos católicos.

Tiveram o convívio com as comunidades familiares em Valinhos e Vinhedo nas suas infâncias e adolescências, que se estendeu quando Estevam Ernesto se mudou para Campinas, bairro de Cambuí, e trouxe consigo a manifestação do Samba. Ambos tiveram a facilidade de articulação e fomento à tradição por serem representantes legítimos de suas comunidades de Samba de Roda/Bumbo e por essa religiosidade sempre presente.

Ernesto Estevam passou a trabalhar como chofer da elite de Campinas, e depois de alguns anos essa profissão passou a ser reconhecida, e ele se torna o primeiro motorista de táxi da cidade. Ele tinha facilidade em se locomover na elite de Campinas e também na sua comunidade, assim como dona Aurora, que por ser benzedeira era bastante procurada por muitos nomes conhecidos, muitos até sendo levados pelo táxi de Nestão.

Mestre Nestão confeccionava os bumbos e presenteava as famílias que tinham mais vínculo com a manifestação, com destaque para o Samba de Vinhedo; este vínculo permanece atravessando as gerações.

Exemplo disso, Nestor filho, seguindo a tradição de seu pai, agregava mestres bumbeiros na região, Mestre João Piche, Mestre Chico Rei, Mestre Catunga, Mestre Jaú, Mestre Nelson Barriga (*in memoriam*). Após a entrega do Bumbo Salomão, ele confeccionou o Bumbo Azulão, junto com Sr. Tatão (amigo de seu pai) e também o Bumbo Estrela Guia de Vinhedo, porém este caruncha e em seguida faz o Bumbo Trovão. Digo que este bumbo protagonizou outro auge do Samba de Bumbo, agora pelo Tio de Alceu, Nestão, e os tios de Vinhedo, Tio Ramirinho, Tio Luís, Tio Agenor (todos *in memoriam*), Mestre Damião e Mestre Meneses.

A princípio fazia a manifestação do Samba de Bumbo Campineiro com a Zabumba, até o momento em que seu Tio Nestão lhe permitiu restaurar o Bumbo Azulão. Alceu restaurou o Bumbo juntamente com seu amigo Mestre TC, Antonio Carlos da Silva, presidente da Casa de Cultura Tainã, um espaço carregado de muita energia, ancestralidade e aprendizados; é o nosso Quilombo Urbano da Vila Bela. TC tem uma forte conexão com os tambores e com os Bumbos, e ajudou Alceu na restauração dos Bumbos Azulão de Campinas e Trovão de Vinhedo, o que trouxe a manifestação mais uma vez entre as famílias, com os encontros e as rodas e toda a sua essência.

O Samba de Bumbo de Vinhedo ou Samba de Roda de Dona Aurora, assim como costumamos dizer, está na liderança de Márcia Leme, neta e afilhada de Dona Aurora, e também filha do encantado Mestre Bumbeiro Tio Agenor. O grupo tem a presença muito forte dos Bumbeiros mais velhos, nossos mestres, mas nesse momento foi a Márcia que assumiu a missão de cuidar do grupo, dos seus mais velhos e mais novos, mantendo-os na sua origem e preservação, no fortalecimento do elo familiar, da responsabilidade e solidariedade em relação aos outros.

Eu nasci dentro do Samba da Dona Aurora, meu relacionamento com o grupo é familiar e, como toda boa família, às vezes temos problemas, mas superados pelo amor que temos uns pelos outros.

O Samba de Roda de Dona Aurora é um grupo de Vinhedo formado por descendentes africanos que trabalharam nas fazendas de café no século XIX. É um dos grupos que mantém sua tradição de Samba de Bumbo até os dias de hoje.

Para mim o Samba, além de ser uma manifestação pelos nossos mais velhos, é uma forma de mantermos a unidade familiar e também fortalece as muitas amizades conquistadas através do Samba.

O Samba para mim é a força, a resistência de um povo que ainda luta pelo direito do reconhecimento de mostrar que a cor negra não é sinônimo de fraqueza, escravidão, incapacidade. Somos filhos de Deus e como todas as raças somos muito fortes e capazes. Eu acho que me identifico com tudo isso sendo filha e neta de negros, que foi discriminada quando criança, mas forte quando mulher.

Nosso relacionamento com o Samba do Nestão de Campinas é de muito respeito e amizade; eles fazem parte da nossa história, porque o seu Nestão e a Dona Aurora formam grandes amigos, e ele participou por muitos anos das festas realizadas pela Dona Aurora em junho no dia de São Pedro; contribuiu com seus saberes e domínio dos Bumbos e versos. É muita emoção quando se fazem esses relatos, lembro do Alceu participando do evento em São Paulo, ele, você [eu, Rosa], a mãezinha linda dele. Quinze dias depois, o amigo partiu, logo em seguida meu tio Luiz e meu pai Agenor, é muita perda em pouco tempo de pessoas queridas, que significavam muito para gente. Não tem como não se emocionar, mas vamos lá, está em nossas mãos e vamos nos ajudar. (Márcia Regina Sudário Leme, de Vinhedo, neta de Dona Aurora)

Salve, Kambinda!

Seguindo a tradição, Alceu ao acordar a manifestação mais uma vez, faz o mesmo trajeto de seus mais velhos, unindo seu legado e os conhecimentos passados pela sua Mestra Raquel Trindade, fundadora do grupo de Teatro e Danças Populares Urucungos Puítas e Quijengues. Saudosa Kambinda Raquel Trindade se encanta em 15 de abril de 2018, dois meses antes de Alceu. Nossa Mestra! Professora, artista plástica, folclorista, escritora, coreógrafa, bailarina e dançarina da dança afro-brasileira, e ativista afro-cultural, filha do poeta Solano Trindade. Uma sagrada força que passou por nós, sigo me inspirando em suas palavras, que ouvi, e representatividade para prosseguir com o que me foi presenteado.

Raquel, sem formação universitária, foi convidada para ministrar aulas na Unicamp, no curso "Danças Populares e Religiosas Afro-Brasileiras". Sentindo falta da comunidade preta na graduação, pediu que se fizesse um curso de extensão para contemplar aqueles que estavam além da Universidade. Esse ato é dado como a primeira implementação de cotas em um curso da Unicamp. Após obter boa receptividade pela população, ela propôs a criação de um grupo permanente de teatro e danças populares, surgindo assim em 1988 o grupo de Teatro e Danças Populares Urucungos, Puítas e Quijengues, nome de três instrumentos africanos do grupo linguístico Bantu que significam, respectivamente: berimbau, cuíca e atabaque.

Sem perder os ensinamentos da Raquel, que são: "pesquisar na fonte e devolver ao povo em forma de arte", frase do seu pai Solano Trindade, o grupo vem desenvolvendo atividades de oficinas culturais e apresentações artísticas em vários espaços do Brasil. Sempre com o propósito de manter vivas as manifestações tradicionais da cultura popular brasileira. O grupo já foi contemplado com um Ponto de Cultura, do Programa Cultura Viva do Ministério da Cultura, recebendo o prêmio Escola Viva, para desenvolver ações socioculturais na periferia da cidade, destacando projetos voltados para a inclusão de conhecimentos livres e resgate das tradições regionais. A partir desses projetos, pudemos levar o Samba de Bumbo para fora do país junto com outras manifestações que o grupo salvaguarda.

Foi Raquel que soprou nos ouvidos de Alceu que ele deveria acordar a sua manifestação e assumir o seu legado; assim, ele levou o Samba de Bumbo para o grupo Urucungos, com a permissão e consentimento de sua mestra, desde que mencionasse que o Samba de Bumbo se constitui a partir da pesquisa de sua família (família de Alceu), sendo, portanto, propriedade da referida família, respeitando cada manifestação que realiza com suas histórias, origens e mestres.

Por mais de trinta anos, Alceu manteve a tradição familiar dentro do grupo Urucungos, transmitindo, divulgando, formando discípulos e salvaguardadores.

A criação do Ponto de Cultura do Urucungos "Nos caminhos de São Paulo" teve como matriz o Samba de Bumbo Campineiro, onde o grupo passou a ter grande visibilidade com a manifestação, tanto nacionalmente como internacionalmente.

Recordo que foi nesse momento que vi a necessidade de salvaguardar a manifestação do Samba de Bumbo e suas raízes, uma vez que ela estava tendo visibilidade somente em forma de Arte, e nesse momento, retomando o legado de Raquel - pesquisar na fonte -, comecei a desenvolver os registros das memórias dos detentores da manifestação. O que antes era feito apenas por membros específicos de uma família, agora passa a ser feito em um grupo cultural com teor artístico ao redor do mundo, mesmo que Alceu ainda carregasse o título de mestre da manifestação, e ela só era feita em sua presença. O Samba de Bumbo nesse momento ganhou outra finalidade para além do que era quando feito por um grupo familiar em suas festas tradicionais.

Surge, entretanto, novamente outro resgate feito do tradicional dessa manifestação: quando vejo que o teor tradicional do Samba de Bumbo estava se perdendo. Assim surge o documentário "Matriarcas do Samba de Bumbo", trazendo à tona a história familiar, a presença da mulher que salvaguardou em suas memórias o legado da tradição das mulheres mais antigas do grupo, trazendo momentos em que o Samba se fez presente em suas vidas e a forma pela qual foram conduzindo, surgindo no grupo o sentimento de identidade regional. Mas, uma vez na salvaguarda, surgiu a importância da necessidade do reconhecimento da herança familiar e da detenção da manifestação levada ao grupo por Alceu. Enquanto Alceu estava na liderança do grupo junto com Ana Maria Miranda e eu, como coordenadora cultural, traçamos o legado das tradições Raquel Trindade e Nestão Estavam, "o pesquisar na fonte de origem e devolver ao povo em forma de arte". O grupo também começou a participar dos encontros das festas tradicionais do Samba de Bumbo, encontros em Vinhedo, no espaço Urucungos, na Casa de Cultura Tainã, encontros com os nossos mestres Bumbeiros e Sambadeiras, os nossos mais velhos, as rodas das vivências e trocas, realizando os almoços, comes e bebes e a tão esperada roda de Samba. O festejar!

Começamos também a revitalizar os encontros nas comunidades do Samba com seus festejos nas datas comemorativas dos seus Santos Padroeiros. Agora temos nossas datas fixas de festas: 6 de agosto, em Bom Jesus de Pirapora; 24 de junho, quando vamos saudar São Pedro em Vinhedo e logo em seguida o 13 de maio, o dia de São Benedito em Cururuquara.

Grupo Samba de Bumbo 13 de Maio/ Cururuquara

A comunidade conta que no dia 13 de maio 1888, data da abolição da escravatura, o dono dessas terras, ao saber da libertação dos negros, foi embora e deixou as terras para os libertos; estes plantaram quatro palmeiras e comemoraram quatro dias e quatro noites com o Samba em louvor a São Benedito, pela graça alcançada. A princípio a imagem de São Benedito dormia na casa das famílias, até nos próximos anos ser conduzida em procissão para este espaço onde se reza, agradece e faz o Samba. Com o passar do tempo, as famílias foram perdendo suas terras, mas não deixaram de louvar São Benedito; quando a última família perdeu suas terras, a comunidade construiu uma capela, no mesmo local onde haviam sido plantadas as palmeiras, e colocou a imagem de São Benedito, que permanece lá até os dias de hoje.

Os grupos do Samba de Bumbo se reúnem no dia 13 de maio em louvor a São Benedito como forma de resistência e existência.

A ligação com essa comunidade do Samba de Bumbo vem através de seus detentores do samba de Bumbo Nestão Estevam, o detentor Nestão filho, com o Mestre Carmelino do Samba de Cururuquara.

Com o grupo Urucungos retomamos esses laços tradicionais da manifestação de Mestre Carmelino, através dos seus mais novos, para rememorar a manifestação e assumir o seu legado. Fazíamos encontros e rodas de oficinas, fortalecendo o Samba e nos fortalecendo. Com o Samba de Bumbo 13 de maio pudemos revitalizar e incentivar o conhecimento já adquirido, e era relembrar, se empoderar daquilo que já era de pertencimento, o respeito com seu mais velho que está passando o bastão. O beber na fonte de origem.

Com os laços fortalecidos, cada encontro em Cururuquara no 13 de maio é o louvor a São Benedito, procissão, rezas, agradecimentos aos nossos ancestrais por estarmos juntos resistindo, é um repor de energias, dia de festejar, reunir pessoas queridas, famílias, muitas trocas, muitos ensinamentos e vivências com nosso mais velhos.

O Samba de Bumbo 13 de Maio, também seguindo a tradição familiar, tem como seu detentor mais velho o Mestre Carmelino, com seus quase 98 anos, e dona Luíza, sua esposa. Hoje está sendo liderado pelas suas sobrinhas Eny Soares, filha da Mestra Mariazinha, e Adriana da Silva, filha da Mestra Dona Odete e neta da Mestra Alice Preta. Eny e Adriana estão à frente para dar continuidade ao legado com a missão da preservação e transmissão com o auxílio e apoio de João Mário como zabumbeiro, que desde criança acompanhava a família na tradição.

Para mim, Samba é um Banzo, nossas maiores alegrias da vida e as tristezas estão no Samba, só que é um banzo que não é só carregado por nós, mas também por um monte deles que já estiveram aqui. O Samba é uma ancestralidade, a figuração mais nítida que eu vejo da nossa ancestralidade, resumida em algum ato de se fazer, é ancestral, é resistência. Eu tomei isso para mim enquanto vivente brincante, como um legado transmitido por muitos anos. É mais difícil a cultura no Brasil, é precarizado quem trabalha com cultura, é precarizado, vivemos no veneno, mas tomei o Samba enquanto bandeira, vida, força, família, amizade. Minha família e amigos estão no Samba, o Samba para mim é tudo aquilo que a boca come.

A minha relação com o Samba de Bumbo Nestão é família, o Mestre Alceu era uma figura que não só representava um mestre do Samba de Bumbo, mas um mestre de vida, de diálogo do que a palavra pode expressar, mestre de vida. Me inspirei muito nele, me acolheu nas palavras, nos pontos de vista, um cara que simboliza muito na minha caminhada, um mestre mesmo ao pé da letra.

Assim como você, Rosa, que tenho uma admiração e um carinho, você também é uma mestra da vida, eu valorizo demais essa amizade e posso dizer que todo o grupo do Samba de Bumbo 13 de maio de Cururuquara, temos você como nossa família, é legal ver que o povo do samba virou uma família, nós de Cururuquara, Vinhedo, Quadra, Pirapora, Piracicaba, uma família só.

O samba de Nestão Estevam representa toda uma ancestralidade que é a vinda de Cam-

pinas, que a gente sabe que é onde tinha os grandes batuqueiros, sambadores os grandes grupos dos sambas, os batalhões. Tenho o respeito muito grande pela caminhada, carinho pelas pessoas todas, pela família toda que aprendemos a respeitar e amar e ter essa relação de carinho.

Desde a primeira vez que fomos conversar e fazer o Samba junto, essa relação se fortalece com o respeito, amizade, companheirismo e lutas. Eu particularmente vejo em você, Rosa, e no mestre Alceu essa referência, o cuidado que tem, o trato com os nossos mais velhos, impossível esquecer todas as homenagens que o Alceu fazia ao Mestre Carmelino, levando o povo ao pé dele, de ajoelhar e bater o bumbo, relação de respeito muito grande. É isso, vocês para nós é família. (João Mário Machado, Zabumbeiro do Grupo Samba Bumbo de 13 de Maio/ Cururuquara)

Transmissão

Com a abertura da manifestação cultural no seu registro como Patrimônio Cultural Imaterial no Livro das Formas de Expressão, em 14 de dezembro de 2017, aprovado pelo Condepacc (Conselho de Defesa do Patrimônio Cultural de Campinas), a partir da solicitação do Alceu José Estevam, que faleceu em 18 de junho de 2018, durante o período do reconhecimento, assumo com Ernestina Estevam o Samba Nestão Estevam com a intenção de dar continuidade à tradição desse bem cultural.

Com o processo de patrimonialização, Alceu já estava fazendo o inventário do seu legado, adormece o Bumbo Azulão, mas, para que a manifestação não adormecesse no grupo, Alceu faz um novo Bumbo junto com seus discípulos, o batizando de Bumbo Nestão, para salvaguardar a manifestação, a transmissão e fomento junto com seu mestre.

Alceu se encanta nesse processo, e a tradição agora nas mãos de Mulheres, assim com a permissão pela minha Matriarca Dona Tina, fui guiada a percorrer o mesmo trajeto da tradição. Restauramos o Bumbo Azulão, na casa de Cultura Tainã com Mestre TC e Toshiro, com os ensinamentos, cuidados, respeito ao Bumbo e acompanhado dos olhos de nossas crianças e nossa Matriarca Ernestina.

Após restaurarmos o Bumbo Azulão sob orientação dos Mestres Bumbeiros de Vinhedo, nossos mais velhos para acordar o instrumento (que sempre esteve ligado ao Bumbo Trovão), me vem a missão: a manifestação do Samba de Bumbo Nestão

Estevam deve ser acordada pelas mãos das mulheres desse legado; essa voz que eu representaria, essa força a dar continuidade para assegurar nas futuras gerações.

Me coube a missão de acordar o Bumbo Azulão, e a de chefiar o Batalhão. Houve o encontro das comunidades tradicionais do Samba de Bumbo para esse momento, quando vieram Vinhedo, Bom Jesus de Pirapora, Cururuquara com seus mestres bumbeiros e seus bumbos, as sambadeiras e o grupo Urucungos Puítas e Quijengues. Fazendo as suas quizombas.

Salve, bumbeiros!

E o Samba continua.

Salve o Ponto!

Legado

A manifestação passa a ter visibilidade, virando objeto de pesquisas, tendo como principal campo de observação o Grupo Urucungos, tendo o Alceu e os seus mais velhos a fonte do conhecimento. Estas observações eram de um olhar: o de fora para dentro da manifestação. E seus registros e relatos concluídos nos espaços acadêmicos, às vezes nem sempre tinham o retorno para a comunidade, que essa sim tem o olhar de dentro para dentro, de quem detém e de quem pratica.

Eram sempre o retorno da nossa história sendo contada pelo outro e nunca por nós.

Assim como foi feito com a manifestação em 1920, pelos pesquisadores da época, seus registros e seus relatos, mas que tiveram grandes contribuições na discussão para os dias de hoje, descrevo aqui relato de uma fala de Alceu:

Narrar as diferenças existentes no que é cultura genuinamente tradicional, com os conhecimentos acadêmicos sobre folclore e cultura popular, fica em evidência de que, se estamos buscando uma autenticidade dentro de uma visão totalmente libertadora sobre as práticas dessa educação popular é natural que agora seja a hora e a vez de incluirmos como processo didático, os ensinamentos dos nossos velhos amigos batuqueiros, dançarinos, mestres e griôs, cozinheiros, benzedeiras e curandeiros, mateiros, artesãos, brincantes e pajelanças, onde os novos educadores populares e sociais reconhecerão, nos seus lugares de fala, todos os mecanismos ideais para destacar esses agentes da cultura tradicional como sendo os novos professores que ensinarão as nossas crianças, os seus próprios legados, ou seja: tanto dentro dos lugares sacramentados pelos academicistas, como também junto com os canais de difusão dessas ações, que possam estabelecer um novo elo progressista sobre cultura e educação popular. (Alceu José Estevam)

Hoje o Samba de Bumbo está em processo de patrimonialização pelo Instituto do Patrimônio Histórico e Artístico Nacional (IPHAN), considerado bem cultural de grande valor histórico para o estado de São Paulo. O Samba de Bumbo foi reconhecido como patrimônio cultural imaterial estadual em 2015, estando hoje, em 2020, na elaboração do dossiê final para o registro de bem cultural, denominado Samba de Bumbo ou Samba Rural Paulista. Está na fase dos trabalhos de pesquisa, inventário com mobilização dos detentores em torno do processo.

Fui indicada enquanto detentora mestra da Manifestação do Samba de Bumbo Nestão Estevam a fazer parte desse processo representando as comunidades de sambadores. Comunidades estas com as quais mantemos as nossas ligações com as nossas raízes, onde nos reconhecemos nas rodas nos tornando uma grande família. Samba de Bumbo de Itu, Samba Lenço de Mauá, Samba Lenço Piracicaba, Samba Caipira Filhos de Quadra e grupos contemporâneos.

É difícil a compreensão de muitos sobre a questão da patrimonialização; quem detém, de quem é o legado, quem é o mestre, quem dá continuidade à transmissão, à preservação e à salvaguarda. Mas para nós, que somos os fazedores da manifestação, os detentores, os mestres, as matriarcas, guardiões, sabemos do nosso legado. Pesquisar na fonte de origem (nossos mestres, nossos quintais, nossas vivências, nossas referências) e devolver em forma de arte nossas expressões artísticas (nosso festejar, festas, encontros e rodas).

Temos a consciência das políticas públicas, da salvaguarda, da preservação, da manutenção e continuidade da manifestação que queremos. Para manter nosso bem imaterial, muitas vezes abrirmos mão do nosso bem material, de nossas propriedades, das nossas economias, do nosso bem-estar, de nossa saúde, do nosso direito de ir e vir; é a nossa luta para chegarmos aonde estamos.

Não medimos esforços para resistir, existir e nos reinventar.

O reconhecimento que queremos é a de nossos mestres, aqueles que vieram antes de nós e que continuam segurando nas nossas mãos e nos guiando durante mais de 130 anos; foram eles que mantiveram a tradição nas suas raízes, que salvaguardaram e preservaram até chegar aos dias de hoje.

Se estamos aqui até hoje, no que chamamos de contemporaneidade, é porque eles vieram antes de nós; a nossa contemporaneidade está em entender esse espaço e tempo em que existimos para passar o bastão para as próximas gerações, quando nossos mais novos levarão a tradição na sua essência e em diálogo com a sociedade e pela sua transformação. Estão na academia, defendendo suas teses com o olhar da manifestação de dentro pra dentro, respeitando seus mestres, seus quintais, suas vivências.

Reconhecimento este, que se traduz no fato de eu ter sido convidada por Daniel Martins, enquanto detentora mestra e guardiã da manifestação do Samba de Bumbo Campineiro Nestão Estevam, a fazer parte de sua banca de defesa de mestrado. Sua tese, *O Samba de Bumbo de Santana de Parnaíba/SP e a Educação: na perspectiva decolonial e pós-colonial*, foi apresentada ao programa de Pós-graduação em Educação da Universidade Estadual de Campinas, Unicamp, de quem recebeu o título de Mestre em Educação.

Momento histórico dentro desse espaço acadêmico, onde se faz presente o reconhecimento, mesmo que, ainda, seja pouco representativa a participação do Mestre da Cultura Popular e de Matriz Africana. De todo modo, fiquei honrada com o convite, principalmente neste instituto de educação, no qual se deu parte da minha formação acadêmica.

Acredito que é na base da educação e da cultura que se constrói e se prepara o terreno para as sementes serem semeadas; para a construção de um mundo mais generoso, pois quem conta uma história é que tem uma história, quem vivenciou. Estas, sim, são narrativas verdadeiras das quais nós fazemos parte porque somos os sujeitos da nossa própria história; tirar, com todo o respeito, o mestre do lugar de ser o objeto e colocá-lo no lugar de fala, de quem tem a propriedade do discurso. Há espaço da fala para todos que precisamos estar em comunhão; comunhão esta que se faz presente no reconhecimento dentro dos lugares sacramentados pelos academicistas, como, também, junto às comunidades fazedoras dessas manifestações, para que se possa estabelecer um elo entre a cultura e a educação.

Esse é o legado que me foi deixado e que tentarei fielmente seguir; fazer do mundo do jeito que queremos e assim segue a tradição... agora na mão de mulheres! As mulheres, respeitosamente, dançam e guardam os Sambas Antigos nas suas memórias. Coube a elas salvaguardar essa trajetória para que ele não perca a sua essência, mostrando às futuras gerações que o Samba não é Samba sem a presença feminina, assim como em todas as manifestações da nossa Cultura, principalmente as de Matriz Africana. (Trecho extraído do documentário "As Matriarcas do Samba de Bumbo Campineiro", feito por mim)

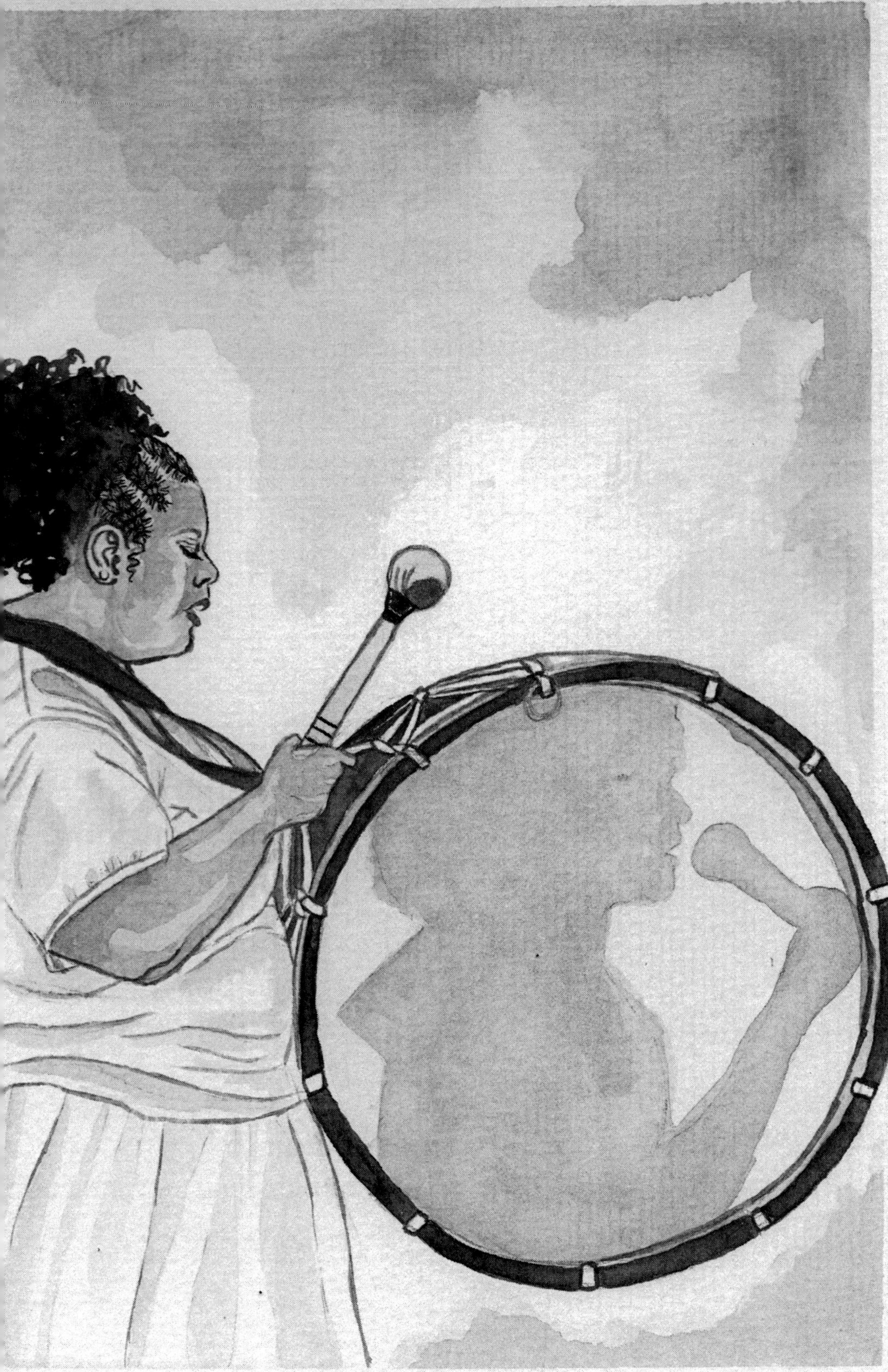

Agradecimentos

Ao coletivo Diadorim, pelo convite para escrever este capítulo do livro; a Antônio e Alessandra, pelo companheirismo e trocas nesta trajetória.

À nossa Família Sales e Estevam, que sempre estiveram presentes em todos os momentos. São muitos membros, então aos irmãos e irmãs, cunhados e cunhadas, sobrinhos e sobrinhas, afilhadas, padrinho, tios e tias, primos e primas e os que estão por vir.

Ao Batalhão Nestão Estevam: Dona Ernestina Estevam, Amanda, Aryane, Brenda, Bruno, Denise, Dorinha, Evellyn, Graça, Jules, Layla, Maria Lúcia, Marcos Simplício, Marília, Nícolas, Poliana, Renata, Silvia, Simone, TC Silva, Yasmim e aos que vierem.

Em especial às nossas crianças: Alice, Artemis, Julia, Laís, Laura, Naya, Tom e as que vierem.

Às comunidades do Samba de Bumbo: Samba de Bumbo de Dona Aurora em nome de: Márcia, Regina S. Leme, Fátima, João Damião de Sousa, Luis Carlos Sudário (tio Mente), João Carlos de Barros, Tiago Augusto Cândido e família; Samba de Bumbo de Pirapora em nome de: Mestra Maria Esther de Camargo Lara, Dirceu Fellipe e família; Samba de Bumbo 13 de Maio em nome de: Mestre Carmelino e Dona Luíza, Eny Soares, Adriana da Silva, João Mario Machado, Mariana Tornieri e família.

Ao Lucas Soares, Presidente do Instituto Anelo, pelo cuidado da nossa quebrada do Campo Grande.

À Casa de Cultura Tainã, nosso Quilombo Urbano, em nome de TC Silva e ao grupo Urucungos Puítas e Quijengues, que, em nome de Raquel e família Trindade, Ana Maria Miranda, Rosária Antônio, representam muitos; e, para não correr o risco de esquecer alguém, aos integrantes que passarão, que passam e que passaram nesta comunidade.

Referências bibliográficas, videográficas e orais

Os meus mais velhos:
- Estevam Ernesto - Chefe do nosso Batalhão: do Samba de Bumbo Campineiro Nestão Estevam
- Nestor Estevam - Bumbeiro Detentor: do Samba de Bumbo Campineiro Nestão Estevam
- Agenor Estevam - Guardião e Detentor: do Samba de Bumbo Campineiro Nestão Estevam
- Ernestina Estevam - Matriarca e Detentora: do Samba de Bumbo Campineiro Nestão Estevam
- Alceu José Estevam - Bumbeiro, Detentor e Mestre: do Samba de Bumbo Campineiro Nestão Estevam

Comunidades do Samba de Bumbo:
- Samba de Roda Dona Aurora/ Samba de Bumbo de Vinhedo
- Samba de Bumbo Pirapora/ Bom Jesus de Pirapora
- Samba de Bumbo 13 de Maio/ Cururuquara

Grupos:
- Teatro e Dança Popular Urucungos Puítas e Quijengues/ Campinas
- Casa de Cultura Tainã/ Campinas

"As Matriarcas do Samba de Bumbo Campineiro" - Documentário realizado por Rosa Liria Pires Sales com apoio do Governo do Estado de São Paulo, Secretaria de Estado e Cultura - PROAC 2009

BENEDITO, Daniel Martins Barros. O Samba de Bumbo de Santana do Parnaíba-SP e a educação na perspectiva decolonial. Dissertação de mestrado. PPGE - Unicamp, Campinas-SP, 2020.

LEME, Márcia Regina Sudário. Depoimento via WhatAapp sobre o Samba de Bumbo da Dona Aurora de Vinhedo-SP concedido para Rosa Liria Pires Sales em 31. mai. 2020

MACHADO, João Mário. Depoimento via WhatsApp sobre o Samba de Bumbo 13 de Maio de Cururuquara concedido para Rosa Liria Pires Sales em 24. jun. 2020

MANZATTI, Marcelo Simon. Samba Paulista, do centro cafeeiro à periferia do centro: estudo sobre o Samba de Bumbo ou Samba Rural Paulista: Dissertação de Mestrado Pontifícia Universidade Católica de São Paulo-SP, 2005

SALES, Rosa Liria Pires. As matriarcas do Samba de Bumbo. 2009. Disponível em: <https://youtu.be/goa3UAWjAlg>. Acesso em 31. ago. 2020.

SIMSON, Olga Rodrigues de Moraes Von. O samba paulista e suas histórias: textos, depoimentos orais, músicas e imagens na reconstrução da trajetória de uma manifestação da cultura popular paulista, Campinas, 2007

SOARES, Lucas. Músico, Fundador e Coordenador Geral Instituto Anelo Campinas - Depoimento via WhatsApp sobre parceria, concedido para Rosa Liria Pires Sales em 18. jun. 2020

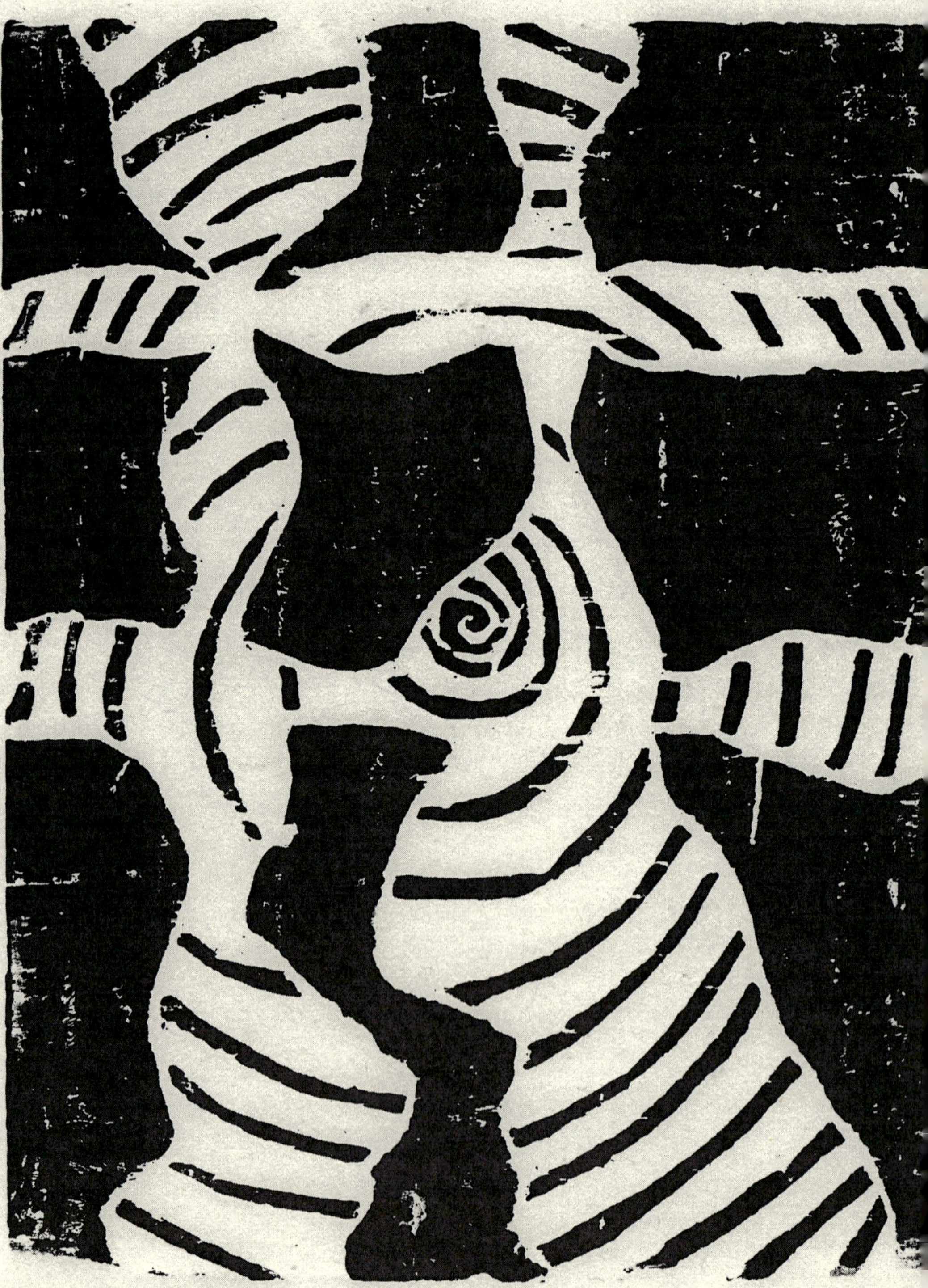

IN(CONCLUSÃO)

Alessandra Ribeiro
Antonio Filogenio de Paula Junior
Rosa Liria Pires Sales

Depois de um processo de encontros e muitas possibilidades de partilhas e afetos entre as pessoas responsáveis pela escrita do texto e as responsáveis pela condução do projeto, tivemos o equilíbrio necessário para que a palavra se manifestasse como narrativa escrita. Foram meses de carinho, acolhimento e reflexão tensionada na harmonia buscada entre as pessoas diretamente envolvidas. Foi possível adequar temporalidades individuais em um tempo comum, de comunhão.

Celebramos, desse modo, a possibilidade de nos reconhecermos no caminho proposto em que, pelo diálogo amplo, é possível para todas, todos e todes o encontro com a mais profunda humanidade que nos habita e nos permite a comunicação para bem dizer (bênção) as coisas. Nós, como escritoras e escritor deste texto de oralidades, continuamos a tocar os nossos batuques em distintos contextos, propondo chamados de encantamento que revelem as nossas proximidades diferentes, o que permite que saberes sejam desvelados e sabedorias sejam constituídas.

Seguimos levando a tradição com o olhar e os ensinamentos de nossos mais velhos. Nossa missão sempre será rememorar para transgredir, somos SANKOFA, somos o que somos, pois eles foram! Usamos da nossa principal ferramenta para isso, sempre, a oralidade, em que apenas ela conseguiu manter a preservação da memória, garantindo as nossas vivências, ensinamentos e autoestima para a nossa comunidade e a futura geração seguir com o que nos pertence.

Esperamos que os nossos tambores, os nossos batuques paulistas, tenham alcançado o propósito do convite para participarem dessas celebrações da vida pela vida, o que significa, também, Ser e Estar na inteireza e totalidade que isso significa quando tratamos com heranças ancestrais cultivadas no âmago da resistência, da luta pela liberdade, no enfrentamento do racismo e de todas as formas de violência e opressão que permanecem, ainda, separando pessoas de pessoas.

É fundamental lembrar que nossas danças rememoram nossos antepassados, são danças-rito vivenciadas na unidade entre os mundos material e espiritual. Por isso, a nossa alegria de estarmos juntos nunca pode ser confundida com a "irreverência" desatenta e descompromissada. O tempo todo estamos prestando a reverência, o respeito e o cuidado aos que já foram e aos que estão. Trata-se de um modo de perceber a existência que percorre cada aspecto da vida, o que indica que não se encerra ao final dos encontros.

As comunidades do tambor, as comunidades batuqueiras, sejam elas da caiumba, do jongo, do samba e de tantas outras que se constituíram nessa trajetória desde África até aqui, a AMEFRICANIDADE como diria nossa querida Lélia Gonzales, são, sobretudo, comunidades embasadas na proposta quilombola de constituição de um mundo melhor para todas, todos e todes em comunhão, respeito, gratidão e cuidado pelo todo da natureza, nossa Casa Comum. O grande ventre que nos gera, abriga e recolhe.

Salve as grandes Mães universais que há na Terra e tudo que ela contém, a sua mais potente representação do Ser que É e seguirá sendo, UBUNTU. Uma concepção solidária, comunitária da existência, na qual o exercício da partilha e do diálogo predomina. Um aprendizado uterino desde a origem e que preservamos, mas que precisa ser lembrado, atualizado para as gerações vindouras. Afinal! As crianças são educadas durante nove meses na sua primeira casa.

Quando aprendemos essas lições, aprendemos a ser com o Outro e pelo Outro, daí a posição de enfrentamento a tudo aquilo que separa, divide e diminui, o temido "diabólico" tão presente em todas as formas de discriminação e dominação. Sim, leitoras/es, ser das comunidades batuqueiras é ter posição firme sobre tudo isso em qualquer lugar que esteja, é estar atento ao que os tambores, nossos comunicadores ancestrais, nos dizem, é dançar com o outro em harmonia e equilíbrio, é implementar pelo som o encantamento permanente da vida.

Precisamos dizer que esse quilombo está aberto para que celebrem conosco, para que nos ajudem a estabelecer a vida digna em toda a sua plenitude para cada ser que existe. Essa é nossa esperança milenar e que nos ORIenta a cada passo do caminho, tal como ALUVAIÁ, PAMBU NJILA, EXU dinamizam essas jornadas. A vida é movimento e que seja o movimento harmônico da dança da caiumba, do jongo e do samba de bumbo que ao dançarem pelo som dos tambores dão o ritmo dos nossos passos.

Fica aqui o convite para que esta prosa possa continuar, mas que a partir deste momento tenhamos a certeza de que outras pessoas celebrem em suas comunidades o valor da existência e juntos possamos cuidar da Casa Comum que habitamos e da grande comunidade dos seres desta Terra. Essa é a grande contribuição que a singeleza dos batuques paulistas tem para compartilhar neste momento. Um programa civilizatório africano/afro-brasileiro que tem muito a ensinar.

Tá na hora, oi tá na hora. Tá na hora do balão subir.

Eu canto... Mas eu canto... Se eu não cantá! Vou viver vida chorando.
Salve o Ponto!

Seguro sua mão na minha para que possamos fazer juntos o que não posso fazer sozinha.
Cachuera!

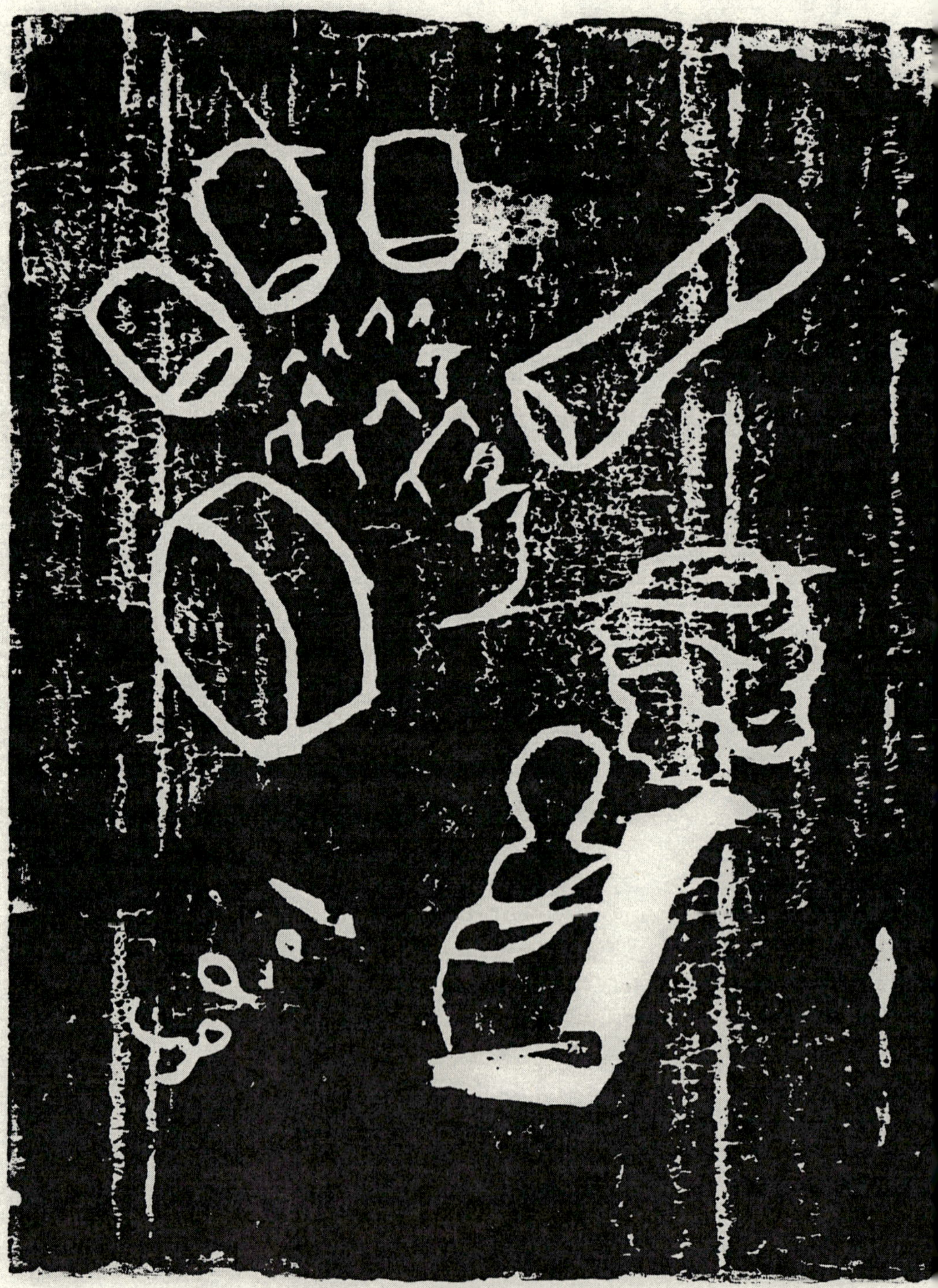

POSFÁCIO

As autoras e o autor

Alessandra Ribeiro

Dra. Alessandra Ribeiro é mestra e liderança da Comunidade Jongo Dito Ribeiro, em Campinas, historiadora e urbanista pela PUC, tendo estudos voltados para o município de Campinas - Gestão Compartilhada e de Matriz Africana: territórios, memória e representação. É gestora cultural da Casa de Cultura Fazenda Roseira, coordenadora da Pós-Graduação em Matriz Africana Lato Sensu FASAMAR/ UNIVIDA e consultora especializada em estudos sobre gestão cultural de espaços públicos compartilhados e patrimônio cultural imaterial.

Gratidão!
É um sentimento, uma forma de ser e ao mesmo uma prática cotidiana de nossa ancestralidade africana que re-existe, se re-inventa e principalmente se oportuniza em irmandade.
Compartilhar pensamentos, emoções, aprendizados e reflexões que estão registradas nestas páginas, para nós e para as próximas gerações, é parte de nossos aprendizados no matriarcado africano diaspórico.
Desejo a todos/as/es que esta leitura tenha ecoado nos tambores de cada coração que se abriu para com cada um de nós experimentar nossas vivências relatadas.
A toda equipe Diadorim, aos mestres e irmãos desta vida, Rosa Pires Sales e Antonio Filogenio Junior, a todas as comunidades do tambor e à equipe técnica envolvida nesta obra minha eterna gratidão.

Antonio Filogenio de Paula Junior

Batuqueiro, professor, pesquisador, filósofo, mestre e doutor em Educação. Membro do grupo de Batuque de Umbigada de Piracicaba, Capivari e Tietê; membro do projeto e empresa Casa de Batuqueiro, que pesquisa e divulga o Batuque de Umbigada; funcionário da Prefeitura do Município de Piracicaba/ Secretaria Municipal de Educação/ Biblioteca Pública Municipal. Foi coordenador do Programa Difusão Cultural Afro-brasileira e Presidente do Conselho Deliberativo do Centro de Documentação, Cultura e Política Negra.

Ao Ser que É com seus muitos nomes
À nossa ancestralidade
Às Mestras e Mestres das nossas tradições
Aos batuqueiros de lá e de cá.
Às nossas comunidades do tambor
À Diadorim, nas pessoas da amiga-irmã Bia Yu e dos amigos-irmãos Leo Yu e Leo Magnin pelo convite para participar de um projeto tão gratificante.
Às minhas amigas-irmãs Rosa Pires Sales e Alessandra Ribeiro por me concederem o privilégio de escrever com elas, nossas matriarcas.
Às nossas queridas ilustradoras Poliana e Amanda Nainá por apresentarem de forma tão encantadora a estética das nossas tradições.

Rosa Pires Sales

Graduada em Pedagogia, possui Extensão em Museografia e Pós em Psicopedagogia pela UNIG - Nova Iguaçu. Detentora, mestra e guardiã do Samba de Bumbo Campineiro "Nestão Estevam" (reconhecido como Patrimônio Imaterial do município em 2018); membro da equipe de pesquisa responsável pela construção do dossiê documental do Samba de Bumbo/ Samba Rural Paulista (IPHAN); integrante do Grupo de Teatro e Danças Populares "Urucungos Puítas e Quijengues".

Gratidão aos meus irmãos Antonio Filogenio Junior e Alessandra Ribeiro, pela partilha na construção conjunta de nossa história.
À Diadorim, Bia Yu, Leo Magnin e Leo Yu, pelo convite e a oportunidade de vivenciar este processo.
À Naína e Poliana Sales, por ilustrarem e abrilhantarem as nossas histórias, trazendo o imaginário de nossas narrativas.

Palavras sobre as imagens

Amanda Nainá dos Santos

Arquiteta, urbanista, musicista e artesã. Tem pesquisa na arquitetura de terra e desde 2008 se dedica ao desenho artístico com técnica de aquarela e grafite. Os encontros com pessoas e vários coletivos de juventude negra inspiram sua arte com criticidade no que tange aos conflitos étnico-raciais no Brasil.

Representar os batuques paulistas por meio da minha ilustração foi um processo de contato enriquecedor e gratificante, enquanto artista e militante, principalmente pelo fortalecimento, memória e resistência dessas manifestações culturais de ancestralidade negra, onde uma delas se faz presente na prática e cuidado do batuque de umbigada nos quintais e terreiros, na cidade onde nasci e fui criada, Piracicaba.
É possível que a arte seja uma das vertentes da "Escrevivência" (Conceição Evaristo, 2017), que se refere a Escrever, Viver e se Ver, contando com seus traços e cores, a história, vivência e movimento do povo preto, para deixar os nossos inscritos, sendo ponte com os antepassados do continente africano, e ressignificados em territórios brasileiros pela diáspora africana e seus descendentes. Então as minhas artes são a "Escrevivência" do meu eu e dos meus.

Poliana Sales Estevam

Tecnóloga em Design de Moda e atualmente cursa Artes Visuais na UFRB. É membra do Coletivo Equipe do Meio do Griô Ninja, figurinista e responsável pela direção artística de grupos culturais como o Urucungos, Puítas e Quijengues e o Samba de Bumbo Campineiro Nestão Estevam. Atua como ilustradora, artista visual e produtora artística com o propósito de salvaguardar manifestações tradicionais, em destaque o Samba de Bumbo, relacionado questões sobre manifestações afrobrasileiras dentro do campo das artes e sua historiografia. Filha de Rosa Líria Pires Sales, Alceu José Estevam e do Samba de Bumbo.

Aqui entreguei em forma de xilogravura meu papel como salvaguardiã e discípula, que deseja entrelaçar toda a sua vivência e memória em forma de arte, que lendo e relendo as palavras de meus mais velhos nestes capítulos carreguei nas mãos a importância de todo o cuidado dessa tradição e suas palavras exaltando uma arte-memória individual, que carrega no seu contexto toda a preservação da memória coletiva, dialogando com o passado, presente e o futuro, reafirmando os aspectos encontrados no Batuque de Umbigada, no Jongo e no Samba de Bumbo. Sendo seis gravuras que abriram os capítulos do livro em que direcionei as artes para a simbologia das palavras encontrada e sentidas.
Sentir o quão é necessário e difícil resistir a este sistema, rememorando cada ancestral, mestres e matriarcas, que batalharam para que essas manifestações sejam difundidas com seus ensinamentos a nós, que carregamos a importância de seguir e salvaguardar o que nos pertence, costurando entre as brechas de toda a burocracia institucional e todo o resto que favorece para que esses costumes tenham um fim, é preciso pensar em planos de ação para que a manifestação seja preservada. Deste trabalho fiz uma travessia em mim entrando em contato com minhas expressões artísticas, olhares sobre a manifestação e do meu eu - uma zami artista pesquisadora e arte educadora com um olhar de dentro para fora, trabalhando com o contemporâneo da visão que carrega minha geração e dos aspectos pessoais do ser Poliana. Gratidão à equipe da Diadorim por nos proporcionar esta troca em um período tão complicado de isolamento que a humanidade está passando e à Nainá por esta oportunidade de construção e empoderamento dos nossos trabalhos. Obrigada, Mestras Alessandra Ribeiro, Antonio e Rosa Sales (minha querida mãe) por depositarem em mim o reconhecimento e gratidão pelo meu trabalho. Só sou porque somos!
A bênção, meus mais velhos!

Esta obra foi composta em Arno Pro (texto) e Rubik (títulos), impressa pela gráfica PSI, sobre papel Pólen Bold 90 para a Editora Malê, em março de 2024.